話說淡水
Parlons de Tamsui

中文・法文對照
Bilingue Franco-Chinois

編著／吳錫德　　翻譯／詹文碩　　插畫／陳吉斯

淡江大學出版中心

市長序

淡水擁有秀麗的河海景觀、豐富的人文意象，素為臺灣的代表性據點之一，也是許多人心靈的原鄉。回顧歷史，淡水曾經是臺灣的第一大港，也是北臺灣最早接觸到西方文明之處，而幾百年發展的沉澱，也造就淡水今日「世界遺產潛力點」的實力。新北市政府一定盡全力讓這片土地上的珍貴資產，能得到妥善的保存，讓更多人能意識到文明累積之不易，進而去探究巍峨建築背後，所蘊藏著一則又一則的動人故事。

自 1950 年在淡水創校迄今已逾一甲子的淡江大學，是臺灣相當重要的高等學府，孕育無數優秀人才。由淡江大學來出版《話說淡水》多語導覽手冊，可以說是再洽當也不過，這本手冊包含英、西、法、德、日、俄等不同外語的譯本，展現國際化、資訊化及未來化的教育觀，可以幫助國際友人了解淡水，更可以提高淡水的國際能見度。

值《話說淡水》付梓之際，期待本書成為世界各地人士深入認識臺灣的入門磚，也藉由淡水豐富資源之躍然紙上，呈現新北市的地靈人傑，鼓勵人們積極探訪這座無盡藏的美麗城市。

新北市 市長

Préface du maire de Taipei la neuve

Tamsui, bordée par les rivages et le paysage magnifique du fleuve, est une ville de culture et représente, pour bien des gens, le village idéal. C'est aussi une ville chargée d'histoire, le premier port d'importance de Taiwan et le point d'entrée en contact avec les Occidentaux ; une telle accumulation de références historiques a conduit notre cité à revendiquer l'honneur d'être placée sur la liste du patrimoine mondial. La mairie de Taipei la nouvelle s'est donnée pour tâche d'utiliser ses forces afin de préserver le capital culturel de Tamsui, permettant ainsi au grand nombre d'apprécier sa situation culturelle unique et d'explorer plus avant la grandeur et l'histoire émouvantes se cachant derrière ses monuments.

Soixante ans se sont écoulés depuis 1950, date de la création de l'Université Tamkang, une pièce importante dans le dispositif d'éducation supérieure de Taiwan, qui a formé nombre de talents. Cette Université a pris l'initiative de publier une brochure touristique intitulée « parler de Tamsui » ; ce guide est disponible en de multiples traductions, en anglais, russe, français, japonais, allemand et espagnol, afin de répondre aux besoins de nos amis étrangers et d'étendre le renom international de Tamsui.

Alors que ce guide est sur le point de sortir, j'espère qu'il constituera une entrée en matière permettant à nos amis étrangers d'avancer dans la connaissance de Taiwan ; de plus, les ressources culturelles de Tamsui, étalées sur ces pages manifestent la beauté de l'environnement et les qualités des habitants de Taipei la neuve, encourageant ainsi les lecteurs à se pencher sur les trésors sans nombre de notre belle cité.

Monsieur Chu Li-luan, Maire de Taipei la neuve
(Traduit par Gilles Boileau)

目次

Contents

基隆河　淡水河　浮洲

金公路　淡江大學　水源路　紅樹林站　紅樹林生態展示館　竹圍站　關渡橋　英專路　學府路　中正東路　淡水捷運站　淡水文化園區-殼牌倉庫

Tamsui
01

歷史上的淡水

淡水，台灣最富傳奇色彩的山城河港。數百年來，接納一波波來自南海及中國大陸的移民，人來人往，蒼海桑田。

這些豐富有趣、變化萬千的時空故事，直到今天都仍然保留著彌足珍貴的痕跡。從淡水對岸的觀音山頂上眺望，在長河、山丘與大海之間，淡水迷人的「山城河港」特色一覽無遺。三百年前的古城堡、傳統的老街古廟、異國風情的洋樓、豐富多樣的美景，甚至岸邊急駛而過的捷運班車，還有悠閒漫遊的自行車群……這一切既幸福，又愜意！

淡水在哪裡？

淡水在台北盆地西北方，濱臨台灣海峽，為淡水河的出海口。東邊與台北市北投相接，北與三芝為鄰，南方則隔淡水河與八里對望。境內多為大屯火山的餘脈散佈，是為五虎崗。只有南邊沿淡水河岸有狹小的平原。

新淡水八景

1. 埔頂攬勝（紅毛城一帶之埔頂地區）
2. 大屯飛翠（大屯山）
3. 沙崙看海（沙崙海灘）
4. 水岸畫影（淡水河岸）
5. 紅樹傍橋（紅樹林、關渡大橋）
6. 河口霞天（淡水河口）
7. 觀音水月（觀音山）
8. 滬街訪古（淡水老街）

「淡水」的由來

據歷史學者陳宗仁考證，古時中國船隻航行各地必須補充淡水，「淡水」意指可停留補充淡水之地。17世紀，西方殖民勢力進入東亞，台灣位居東亞貿易轉運點，做為北台灣重要河港的淡水其地位更形重要。「淡水」之名亦紛紛出現於當時西方人編製的地圖與文獻典籍中，常見拼法有「Tanchui、Tamchuy」（西班牙語）、「Tamsuy」（荷蘭語）等。這些皆由「淡水」音轉而來，顯見至17世紀當時「淡水」一名已被接受成為慣稱，而當時「淡水」的範圍泛指淡水河口附近海面、淡水港及其周邊地域。

「滬尾」之意

滬尾為淡水古名，關於「滬尾」地名由來概有四說 :（一）滬魚說 、（二）魚尾說、（三）石滬說、（四）原住民音轉說。歷史學者張建隆撰有〈滬尾地名考辨〉一文，指出一份繪於雍正年間的《臺灣附澎湖群島圖》，圖中可見淡水營西方標有「滬尾社」之名，進一步證明滬尾名稱是由原住民音轉而來。

尋奇對話

Q 這裡取名「淡水」還真有趣？

A 這個名字的由來有好幾種說法：一說是漢人船民能在這裡找到淡水，所以才這樣稱呼這裡。另一個古名叫「滬尾」（Hobe），應該就是這裡的最早原住民的名稱。

Q 繼漢人之後，還有哪些國家的勢力來過這裡？

A 最早是荷蘭人，接著有西班牙人、法國人、英國人，最後就是日本人。日本人因為打敗了清廷，獲得割地賠償，佔領台灣 50 年，直到 1945 年才還給漢人。

Q 現在這裡就是漢人的社會，人口幾乎都是漢人！漢人是什麼時間大量移入的？

A 這裡離中國大陸很近，最近的只有 130 公里。從 18 世紀起即已有大批大陸沿海的居民非法並大批遷移至此。淡水就是進入北台灣的唯一大港。清廷最後在 1885 年正式將台灣畫入版圖，設置省會。

Q 美國好萊塢電影公司曾在此拍製一部電影，片名叫做《聖保羅砲艇》（The Sand Pebbles），由史迪夫·麥昆（Steve McQueen）主演？

A 是的。那是 1965 年在淡水拍攝的。這裡做為 1926 年中國大陸長江的背景。美國這艘船艦捲入中國內戰的故事。

Q 所以淡水應該有許多歷史古蹟？

A 是的。這裡有許多比台灣其他城市還更多、更豐富的古蹟。而且文藝活動也很活躍。現在更是北台灣重要的觀光及休閒城鎮。

渡船頭

淡水渡船碼頭是古代漢人移入北台灣的最大港口，早年這裡也是內河航運的轉口。二三百年前風帆點點，魚貫入港，人聲鼎沸的場景只留在畫冊或傳說裡。日據時代基隆港取代它的海運地位，1982 年關渡大橋通車後，渡輪逐漸沒落，僅剩淡水至八里的渡船仍繼續營運。藍色船身的機動交通船悠閒地來回兩地，一副與世無爭、世外桃源的景致。及至 2004 年浮動式碼頭完工，以及藍色公路的開闢，便利觀光小船停靠，銜接漁人碼頭、八里渡船頭、八里左岸或關渡碼頭，帶動全新且現代式的旅遊觀光潮。

淡水渡輪

淡水渡船碼頭是古代北台灣的主要口岸，自古船來船往，絡繹不絕。新式客船碼頭於 2004 年 7 月完工，浮動式碼頭便利觀光小船停靠，帶動淡水水運交通及觀光效益。

遊船銜接鄰近景點漁人碼頭、八里左岸，不僅可以延伸遊玩範圍，更可從河上一覽陸地風光。傍晚時分，夕陽灑落河面，波光粼粼，遠方的觀音山猶如一幅巨型的山水畫。在此搭上渡輪，觀賞淡水河岸與遠方的關渡大橋，別有一番風貌。除了有山、海、河、城的多重景觀，每到夕陽西下，河面變成了金黃色。夜晚，明月映照河面，白色水光令人心搖神馳。

藍色公路

「藍色公路」的發想是開發淡水河及基隆河的觀光河運，自 2004 年 2 月開航，目前已有 8 條內河航線，載客量已超過 100 萬人次。沿途有導覽說明，尤其可近距離觀看河面生態，十分知性及愜意。另外，由淡水出發，亦規劃有北台灣藍色公路及北海岸藍色公路兩條海上藍色公路航線，是延伸淡水觀光範圍及提供更多元休閒旅遊的設計。

為吸引日籍觀光客搭乘，更開發出全日語導覽行程。對岸台北港更規劃有直航大陸福州的船班，以引進更多的陸客。

淡水夕陽

淡水山河交接，西向背東，每逢日落時分，浩浩江水映著滿天霞光，氣象萬千。自古不知引發多少騷人墨客歌詠，亦不知吸引多少畫家攝影屏息讚嘆。尤其每逢秋高氣爽時節，霞光舖天蓋地而來，映著整座河岸城鎮，灑落在每個行人遊客身上，令人滿心幸福，流連忘返。

〈流浪到淡水〉

作詞、作曲 / 陳明章　編曲 / China Blue

有緣　無緣　大家來作伙
燒酒喝一杯　乎乾啦　乎乾啦

扞著風琴　提著吉他　雙人牽作伙　為著生活流浪到淡水
想起故鄉心愛的人　感情用這厚　才知影癡情是第一憨的人

燒酒落喉　心情輕鬆　鬱卒放棄捨　往事將伊當作一場夢
想起故鄉　心愛的人　將伊放抹記　流浪到他鄉　重新過日子

阮不是喜愛虛華　阮只是環境來拖磨
人客若叫阮　風雨嘛著行　為伊唱出留戀的情歌

人生浮沈　起起落落　毋免來煩惱　有時月圓　有時也抹平
趁著今晚歡歡喜喜　鬥陣來作伙　你來跳舞　我來唸歌詩

有緣　無緣　大家來作伙
燒酒喝一杯　乎乾啦　乎乾啦　（重覆三次）

尋奇對話

Q 到淡水真的很方便！從台北車站到這裡只花了 35 分鐘，而且沿途風景很不錯！

A 現在台北的捷運網越來越密集，越方便，可以吸引更遠方的旅客。所以每逢週末或假日，這裡可說「遊人如織」。

Q 除了捷運連接，其他交通路線好像也很方便。

A 從台北市區到這裡也可以走公路或水路。不過，對不開車的人來講，搭乘捷運是最方便的。捷運是 1997 年通車的，原先的路基是日本人興建的淡水火車支線，從 1901 年行駛到 1988 年。

Q 我們也可以搭船到淡水！

A 是的！2005 年起，旅客可以從台北舊市區大稻埕上船，一路遊覽到淡水，甚至到出海口的「漁人碼頭」。2007 年起，還可以搭乘一艘仿古的美式餐船「大河號」，一路吃喝休閒觀光到淡水！

Q 淡水好像人口也很多，而且年輕人特別多！

A 淡水區的人口有 15 萬餘人，實際應更多。因為有 5 所大學之故，流動人口相當多。加上緊臨台北，交通便捷，房價也比較低些，很多年輕夫婦就選在淡水定居。

Q 來此地觀光的旅客應該也很多吧？

A 「淡水夕照」一直是台灣八景之一，自古觀光旅客就很多。目前它還是名列觀光客最喜歡一遊的十大觀光景點。淡水地區每年吸引觀光客達 500 萬人次。

Tamsui
03

紅毛城

紅毛城，1628 年由當時佔領台灣北部的西班牙人所建。1644 年荷蘭人於原址予以重建。因漢人稱荷蘭人為「紅毛」，當地人習稱此地為「紅毛城」。鄭成功擊退荷蘭人，短暫經營此地，清廷亦加以整修，做為防禦要塞。1867 年被英國長期租用，當作領事館辦公地點，並於 1891 年在其後方建成一座維多利亞風格之建物，做為領事公邸。1972 年英國與我國斷交撤館，轉交澳大利亞及美國托管，一直到 1980 年，該城產權才轉到我國。紅毛城為台灣現存最古老的建築之一，也是國定一級古蹟。2005 年 7 月整建後改為「淡水古蹟博物館」。

〈滬尾紅毛城〉

〔…〕遠望濤頭一線而至，聲隆隆如雷，令人作吞雲夢八九之想。頃之，夕陽向西下，金光閃爍，氣象萬千，所有兩崖煙雲竹樹、風帆沙鳥，一齊收入樓台中，層見迭出，不使人一覽可盡，洋洋奇觀哉……。

吳子光，苗栗銅鑼人，清同治年間舉人，經通經史子集，被譽為「1900年前台灣第一學問家」。丘逢甲即其弟子。1866 年，他於淡水候船赴大陸應試，閒遊此地，撰文〈滬尾紅毛城〉。

荷蘭城堡

即「紅毛城」主樓，原址為西班牙所建，原以木頭築成，因曾被漢人焚毀，於 1637 年改以石材重建。工事完成不久，西班牙決定撤軍，下令摧毀該城。荷蘭駐軍於 1644 年 5 月動工重建。除了石材，還遠道自印尼運來上好石灰與磚頭，挖深地基，也使用穹窿式構造，證明荷蘭人有心要建造一座堅固的城堡。1662 年鄭成功驅逐了南部荷蘭人，淡水之守軍亦隨之撤走。1863 由英國人租用，將此炮城改為領事辦公室、住宅及四間牢房。

英國領事館公邸

淡水英國領事公邸為紅磚造陽台殖民地樣式建築,有獨特熱帶地區防暑的拱廊設計,斜屋頂等特徵,由當時駐淡水英國領事聘請英國建築師設計,紅磚及匠師可能來自福建廈門。領事公邸底樓西側為客廳及書房,東側為餐廳及廚房,後側為洗衣間及數間傭人房。二樓有三間大臥室及貯藏室。四周綠地,闢有玫瑰園,公邸迴廊是喝下午茶的場所。淡水領事公邸用材極為講究,設計雅致,是大英帝國在東亞地區僅存少數的較早期洋樓。

尋奇對話

Q 英國人也應該是漢人眼中的「紅毛」吧？

A 是的。過去我們中國人一向稱外國人為「紅毛仔」，因為西方的白人都有一頭紅棕色頭髮。紅毛城將近 400 年的歷史中，先後被西班牙、荷蘭、明鄭成功、清朝、英國、日本、美國、澳洲的經營。認識紅毛城，等於走一趟台灣近代史。

Q 英國人在台灣一共蓋了幾間「領事館」？

A 一共三間。最早一間在高雄，其次是安平，淡水這間應是最晚蓋成的，規模應該是最大的，視野及維護應該也是最好的。不過，三間的風格都很類似，即維多利亞式，俗稱「殖民地式建築」。

Q 當時領事館業務應該很龐大吧？

A 1860 年開放淡水為國際通商港埠後，台灣的對外貿易就遽增了很多。尤其是茶業和樟腦的出口。主要是輸往中國大陸。

Q 1895 年日本殖民台灣，英國人還留下來嗎？

A 是的。依國際法這塊地還是屬於英國政府。所以英國人繼續留下來。直到第二次世界大戰期間才撤走。戰後他們又回來向中華民國政府索回。

Q 英國人為何遲至 1980 年才肯交回這塊地？

A 英國人應該一直都捨不得交出這塊地。即便 1972 年他們就與我國斷交，還是在法理上繼續擁有這塊地。我們是費了很多努力才要回它的。不然，我們今天也不可能上這兒來的！

馬偕、教會、學校

Tamsui
04

加拿大人馬偕是淡水最知名的外國人，有一條街以他的名字命名，由他一手創辦的馬偕紀念醫院至今還日夜在服務成千上萬的台灣人。他一輩子行醫、傳教、興學，幾乎以淡水為家，前後近 30 年。最後歿於斯，葬於斯。馬偕 27 歲時離開家鄉，1872 年 3 月抵達淡水，就決定在此落腳，宣教基督長老教會。他自美加兩地募款，興建醫館，中法滬尾之役，協助照料清廷傷兵；他沒有牙科醫學訓練，卻幫台灣人拔了 2 萬多顆蛀牙。他還自國外輸入蔬菜種子：蘿蔔、甘藍菜、蕃茄、花椰菜、胡蘿蔔等。

淡水禮拜堂

淡水禮拜堂，位於馬偕街上。目前的建物改建於
1932 年，由馬偕之子偕叡廉（George W. Mac-
kay） 所設計，為仿歌德式的紅磚建築，有一方
型鐘塔，內部為木架天花板，且保存一個自 1909
年開始使用的古風琴。淡水禮拜堂是淡水地區最
大的台灣基督教長老教會聚會所，約可容納 300
人。此教堂曾在 1986 年修建屋頂。教堂外觀以
極佳品質的紅磚構成，且牆面變化有序，據傳出
自於當年設計名匠洪泉、黃阿樹之手。這座教堂
幾乎是早年淡水的地標，同時也是畫家最愛入畫
的寫生美景。

馬偕傳教士

馬偕（George Leslie Mackay，1844-1901），
生於加拿大安大略省，醫師與長老教會牧師。
台灣人稱其「馬偕博士」或「偕牧師」。西方
歷史學者以「寧願燒盡，不願朽壞」（Rather
burn than rust out）讚賞馬偕的一生。1871
年底到達高雄，隔年起在淡水開始傳教，學習
閩南話，之後還娶了台灣女子為妻。他四處旅
行傳播基督福音，在台灣北部及東部設立二十
餘個教會。1882 年創建牛津學堂（今真理大
學）。2 年後又建立第一個供女子就讀的婦學
堂。其子偕叡廉承接衣缽，創辦了淡江中學。
著有《馬偕日記》，70 多萬字，分 3 冊出版。

淡江中學

淡江中學正式於 1914 年創設，昔稱淡水中學、淡水高女，為加拿大長老教會宣教士馬偕博士父子所創，是台灣罕見的百年老校。不僅其校史見證台灣歷史遞嬗與教育文化變遷。其校園座落依山面海，風光秀麗，綠意盎然。該校建築以歐美名校為藍本，並融入中國傳統建築元素，提供了啟發及培養人文思想的最佳環境。「八角塔」融合了中國的寶塔和西方拜占庭式建築，是淡江中學精神堡壘，由該校幾何老師加拿大宣教士羅虔益（K. W. Dowie）所設計，1925 年 6 月峻工。

尋奇對話

Q 我注意到淡水老市區有一條「馬偕街」，路口的圓環還樹立著馬偕先生的半身雕像。這位加拿大人應該就是淡水的榮譽市民囉！

A 是啊！馬偕博士在台灣 30 年，以淡水為根據地，一輩子行醫、傳教、興學不遺餘力，造福台灣人甚多！

Q 相對於西班牙、荷蘭，以及後來的法國及日本的強佔，英國人的唯利是圖，這位加拿大人的做法的確教人欽佩！

A 馬偕博士將現代醫學引進到台灣，幫台灣人治病療傷，培養台灣人醫學技術。籌資開設醫院，目前已發展到一所大型現代醫院「馬偕紀念醫院」，全省共有四個分院、3000多個床位、近 7000 員工。同時還設立馬偕護校及馬偕醫學院。

Q 聽說淡江中學很美，也是著名歌手及作曲家周杰倫的母校？

A 淡江中學可說是台灣最早的一所西式學堂，校舍建築美輪美奐，校園景緻優美，與淡水華人社區相映成趣。他也是馬偕博士所興辦，由其子克紹箕裘。這所中學相當開放，培養許多藝文及經貿人才，包括前總統李登輝也是這裡畢業的！

Q 聽說淡江大學的興辦與它也有關連？

A 是的。淡江大學創辦人張驚聲從日本留學，自大陸返鄉，很想興辦一所大學。他先應聘擔任淡江中學校長，後來順利集資購地，才在 1950 年創立淡江大學。它最初的校址還設在淡江中學裡！

Q 周杰倫好像在這裡拍了一部電影？

A 那部電影叫做《不能說的秘密》（2007）。事實上，淡水一直是電影青睞的拍攝場景，像早期的《聖保羅炮艇》（1966），以及較近的《我們的天空》（1986）、《問男孩》（2008），還有一齣電視劇《青梅竹馬》（2009）等等。

觀音山

Tamsui
05

觀音山位於淡水河出海口左岸，海拔標高616公尺，山頂稱「硬漢嶺」，區內有多座古剎，更增添此山的靈性，其中還有數間供奉觀世音菩薩的觀音寺。西臨台灣海峽，東北隔淡水河遠望關渡，昔日的「坌嶺吐霧」為淡水八大景之一，是登山及健行的好去處。荷蘭統治時代，叫淡水山（Tamswijse berch），但漢人習稱八里坌山，因山邊的原住民部落八里坌社而得名。改稱「觀音山」的說法有二：一說是1752年貢生胡焯猷在山路籌建大士觀而得名，一說是由於山稜起伏變化，從關渡一帶眺望時，山形起伏貌似觀音菩薩的面容仰天的側面而得名。

觀音傳奇

觀世音菩薩（梵文：अवलोकितेश्वर，Avalokiteśvara），又譯為觀自在菩薩，簡稱「觀音菩薩」，這位佛教神祇是東亞民間普遍敬仰崇拜的菩薩，也是中國民間信仰所崇信的「家堂五神」的首尊，台灣民眾常將之繪製於家堂神畫「佛祖漆」上，與自家所祀神明一同晨昏祭祀。佛教的經典上說觀世音菩薩的悲心廣大，世間眾生無論遭遇何種災難，若一心稱念觀世音菩薩聖號，菩薩即時尋聲赴感，使之離苦得樂，故人稱「大慈大悲觀世音菩薩」，為佛教中知名度最高的大菩薩，有「家家阿彌陀，戶戶觀世音」的讚譽。

福佑宮

福佑宮是淡水最老的廟宇，1732 年左右應已草創，1796 年重建迄今。廟內供奉媽祖，是早期乘船移民及商貿的守護神祇。也是早期全淡水的信仰中心。廟口兩側街道是淡水最早的街衢。大前方即為舊時登岸碼頭。這裡也是淡水發展的起點。中法戰爭期間（1884~85）該廟因佑護漢人免招法國海軍的進侵，獲光緒皇帝頒贈「翊天昭佑」匾額。福佑宮被列為三級古蹟，廟中有古匾額、石柱、石碑等歷史文物。其中 1796 年刻製的「望高樓碑誌」即記載淡水商賈籌建燈塔事蹟。

十三行博物館

十三行博物館位於今淡水河左岸出海口，為一座考古博物館，二級古蹟。
1957 年地質學者林朝棨勘查後定名為「十三行遺址」，後經考古學者
陸續發掘出極具代表性之文物及墓葬等，為距今 1800 年至 500 年前
臺灣史前鐵器時代之代表文化。其人種可能與平埔族中凱達格蘭族有
關。出土重要文物為陶器、鐵器、煉鐵爐、墓葬品及與外族之交易品等。
1989 年動工興建，2003 年 4 月開館營運。博物館週邊區域具豐富多
樣的遺址古蹟、自然保留區、水岸景觀、歷史民俗、產業文化及公共設
施等資源，串聯成為「淡水河八里左岸文化生態園區」。

尋奇對話

Q 這裡為什麼叫做「十三行」?

A 因為清末有十三家洋行在這裡設了分行,當地人就稱它「十三行」。

Q 早期這裡的居民應該都是大航海家囉?

A 是的。台灣的所有原住民都是大航海家的後裔! 16 族原住民是在不同時期,算準洋流從大陸沿海或鄰近島嶼,坐上「獨木船」(Banka),冒著身命危險,飄洋過海而來的。此地的原住民生活在 1500~2000 年前,是北台灣平埔族當中凱達格蘭族祖先。

Q 現在這裡可以直航到中國大陸嗎?

A 是的。從 2013 年 10 月起,從台北港(八里)便可直航到福州(平潭)。只要花上 3 個小時。過去漢人坐帆船過來,可要花上好幾天!

Q 觀世音菩薩是男？還是女？

A 按照佛教的說法，佛是中性的，大菩薩也是中性的。其實，唐朝的觀世音菩薩是男相。可能祂經常化身女性指點眾生之故，更可能祂救苦救難是母愛的象徵之故。

Q 「媽祖」是誰啊？

A 相傳她是宋朝福建漁家的女子林默娘，因捨身救起船難的父兄，而有了海上拯救者的形象。媽祖信仰遍及華南沿海各地及東南亞，信眾超過 2 億人。單單台灣就有超過 900 座伺奉的廟宇。

淡水河岸

Tamsui
06

從老街至小漁港間長 1.5 公里的淡水河沿岸，區公所命名為「金色水岸」。因為晚霞時分，這裡經常會被夕陽照得金碧輝煌。一路有林蔭步道、親水河岸、水上舞台、咖啡座椅區、觀潮灣、觀潮藝術廣場等設施，小漁港的 8 棵百年榕樹是民眾最喜歡的乘涼、垂釣、觀賞夕陽的地方。商家捐贈余蓮春的〈戲魚〉，上原一明的〈舟月〉，賴哲祥的〈迎曦〉等三件藝術雕塑品更增添了河堤的藝術氣息。河岸沿路商家林立，特色咖啡館、異國餐廳、創意商店毗連而立，是休閒散心的最佳去處。

民歌響起

「民歌」來自民間由國人自行填詞、作曲、演唱
的流行歌曲。最初在大學校園裡傳唱，故也叫「校
園民歌」。它是一股社會的反省力量，尤其來自
彼時年輕人內心的吶喊。從 1970 年代末起風行
全台，是台灣本土意識的併發及文藝創作能量的
引爆。當中帶頭的靈魂人物就是淡江大學校友的
李雙澤（1949~1977）。1976 年，他在淡大校園的一場演唱會上，帶
著一瓶可口可樂走上台，問台下的觀眾：「無論歐美還是台灣，喝的都
是可口可樂，聽的都是洋文歌，請問我們自己的歌在那裡？」在一片詫
異中，他拿起吉他唱起李臨秋先生（1909~1979）填詞的歌謠〈補破
網〉，當下引起熱情的共鳴。

水岸畫影

淡水小鎮，山河海交接，風景壯麗。昔為北方大港，人文歷史韻味深厚。
復以開埠甚早，往來交通，東西文化交織，多元特色，極易引發詩人墨
客歌詠，畫家攝景。日據時代起，尤其吸引專業畫家至此作畫寫生，素
有台灣畫家「朝聖地」之美名。它自成一格的「歐洲小鎮翦影」，美洲
風格的哥特教堂、停泊岸邊的船隻、水中行駛的渡輪、山巒起伏的觀音
群山、或霧靄茫茫的河口風景都能一一入畫。台灣最早一代的西畫家幾
乎無人不曾蒞此，並留下歷久彌新的淡水風光。

葉俊麟的發想……

1957 年，擔任編劇的葉俊麟先生隨外景隊來到淡水，黃昏時他沿著河邊獨行。落日慢慢沉入海面，居民擠在渡船口迎接歸來的漁船。忽有歌聲隱約斷續傳來，他尋覓歌聲來處，抬頭望見不遠斜坡上的閣樓，一名女子佇候在門後，遙望渡船口一家和樂的場景，那女子的神情觸動了他寫下這首傳唱不墜的名曲。……

〈淡水暮色〉

作詞 / 葉俊麟　　作曲 / 洪一峰，1957

日頭將要沉落西　　水面染五彩
男女老幼在等待　　漁船倒返來
桃色樓窗門半開　　琴聲訴悲哀 啊……
幽怨的心情無人知。

朦朧月色白光線　　浮出紗帽山
河流水影色變換　　海風陣陣寒
一隻小鳥找無伴　　歇在船頭岸 啊……
美妙的啼叫動心肝。

淡水黃昏帶詩意　　夜霧罩四邊
教堂鐘聲心空虛　　響對海面去
埔頂燈光真稀微　　閃閃像天星 啊……
難忘的情景引人悲。

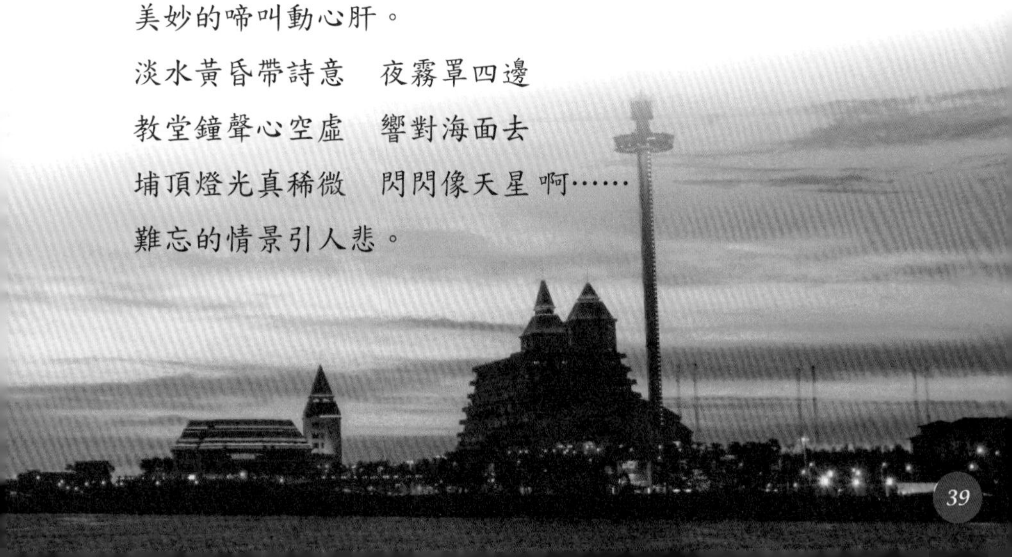

尋奇對話

Q 這裡這麼多遊客，應該都是捷運載來的吧？

A 是的。捷運淡水線 1997 年通車，初期很少人搭乘，還賠了錢。如今班班客滿，星期假日更是「一位難求」。

Q 淡水最多可容納多少觀光客？

A 2014 年春節期間，因為天氣晴朗、溫暖，創下單日超過 10 萬人紀錄！整個河堤及老街擠得寸步難行，從高處看，簡直像一堆沙丁魚群。

Q 這樣那能做休閒及觀光？

A 大概只能湊熱鬧、看人潮吧！其實，非假日或清早，淡水是很寧靜且悠閒的。

Q 民歌由淡水出發，很多人也寫歌來歌頌淡水。淡水有沒有音樂學院？

A 只有遠在關渡的國立台北藝術大學設有音樂學系，其他學校都沒有。但這不礙事啊！淡水讓人真情流露，很容易就讓會人創作出貼近庶民的歌曲。譬如 1997 年陳明章先生作曲填詞的〈流浪到淡水〉就紅遍全台大街小巷。

Q 淡水河邊跟以前有何不一樣？

A 就我印象所及，以前這裡只是個小漁港，魚腥味很重，遊客不多。現在河岸（包括對岸八里的河堤）整治了很多，變成了觀光休閒河岸，很現代感，也很商業化！

淡水老街

Tamsui
07

淡水曾是北台灣第一大港，因基隆港開通及泥沙淤積，逐漸喪失商務功能，迅速沒落成為一座地方小漁港，現已轉型為觀光休閒小鎮。中正路老街一帶，雖新式樓房林立，依然可見到許多老式磚造店舖，反映出本地的開發史。古老寺廟林立，漫步在坡道間，造訪淡水老街應能體驗先民的生活點滴。老街位於中正路、重建街、清水街等一帶，因鄰近淡水捷運站，交通方便，每到假日總是人山人海。尤其中正路，堪稱淡水最熱鬧的街道。老街區也集美食、小吃、老街為一身，近年來更因不少古董店及民藝品店進駐，也營造出民俗色彩與懷舊風味。

重建街

轟立山崙上的重建街是淡水歷史
悠久的老街，也是發展最早的商
業街，更是外地人體驗淡水山
城味道最好的一條街道。重建
街原本是一條蜿蜒五、六百
公尺的歷史街道，是昔日的
「頂街」，當年是陸路交通的要道，
往下直通碼頭，往上連接山丘上方的聚落村莊。從
19 世紀末的 50 年一直是繁榮鼎盛。不少淡水著名政治、金融、教
育界的名人都是世居此地。由於建在起伏不平的山坡上，房屋與路面常
形成高低落差，相當特別。如今還保存幾間舊式長條形街屋，古意盎然。

讚滿重建街！

〔中國時報 / 2013.12.02 / 謝幸恩 報
導〕超過 230 年歷史的淡水重建街，
仍保有四處以上古蹟，但新北市政府
因公共安全疑慮，年底推動第二階段
拓寬工程，文史工作者在網路上發起
「讚滿重建街」活動，1 日吸引數百
位支持者以柔性訴求，希望市府讓
重建街「原地保留」。短短 380 公
尺餘，全以石階堆砌而成，一路蜿蜒而上，可
見兩側饒富人文氣息的古厝。地方居民說，有的房子可見到中法戰爭時
所留下的彈孔，見證了淡水的興衰。

白樓

淡水「白樓」原本坐落淡水三民街週邊坡地，約建於 1875 年，外牆白灰因而得名。據傳為板橋富商林本源出資，由馬偕博士門生嚴清華所建，再租予猶太商行，之後曾改作一般公寓雜院。白樓在 1992 年因失火，而拆除改建。由於它曾是許多老輩畫家的入畫題材，如今只能在這些畫作裡尋得它的風采。2009 年，淡水文化基金會特別委託彩墨畫家蕭進興在最接近白樓舊址上坡路段，利用右側牆壁，畫下白樓舊觀，並延伸至周遭景致。這堵長卷式壁畫，耗費數月始完工，可一覽無遺俯瞰淡水，堪稱淡水最生動、最震憾人心的公共藝術。

紅樓

該建築原是船商李貽和的宅第，與已經拆除的「白樓」齊名。1899 年落成，由於李貽和所經營的兩艘貨船發生撞沉意外，在 1913 年轉賣給時任台北廳參事的洪以南。洪以南在成為這棟紅樓的主人後，為它取了「達觀樓」的雅號。

紅樓採西方洋樓式風格，與淡水英國領事館公邸外觀相近，其屋前寬闊庭院，四周輔以小徑、階梯相通，為早年景觀最佳之房舍。直至 1963 年，轉賣給德裕魚丸的洪炳堅夫婦。1999 年年初整修紅樓，期間曾多方請教建築、歷史、藝術等專家學者。於 2000 年元月正式對外營業，成了一家複合式餐廳與藝文館。

尋奇對話

Q 這些藝文人士呼籲保存老街的溫和訴求很有意思。他們是
怎麼湊在一起的？

A 在台灣每個有歷史的城鎮都會自發地組成「文史工作室」，
定期有些討論及表達。我想他們是透過網路集結的。

Q 聽說台灣的臉書人口密度是世界最高之一？

A 現在使用 Line 的人也越來越多了。以前搭車，車箱內很喧
嘩。現在即便人很多也很安靜，因為男女老少都在滑手機！

Q 重建街的上坡階梯很有古意，也很特殊。因為每一階梯都
不會太高，走起來也不致於太累。

A 是啊！這些階梯都有一、二百年的歷史，也不知道有多少
人從上面走過。我們可以想像當年人聲鼎沸的場景……。
因為要上下貨的關係，所以每個台階都不會做得太高，連
老人家來走都沒問題。

Q 「讚滿重建街」這個標語是很棒的雙關語！

A 「讚」與「站」在台灣式國語裡是同音字。「讚」表示「支持、同意」；「站」表示「出席、佔據」。

Q 「紅樓」整修得很細膩，很棒。可以想像當年的氣派及華麗。

A 這裡的景觀特別好，最適宜觀看夕陽及夜景。我請你上去喝杯咖啡吧！

Tamsui
08

殼牌倉庫

殼牌公司（Shell）儲油倉庫和油槽以及英商嘉士洋行倉庫，位於捷運淡水站旁的鼻仔頭，佔地面積約 3000 坪。1894 年 11 月由茶葉外銷洋行「嘉士洋行」所承租，用以經營茶葉貿易。1897 年由殼牌公司買下，並增建四座大型磚造儲油倉庫，並舖設可接通淡水線鐵路的鐵道，大規模經營起煤油買賣。也由於煤油臭氣瀰漫，淡水人稱之為「臭油棧」。直到 1944 年 10 月遭美軍轟炸導致油槽起火，三天三夜才被撲滅。2000 年指定為古蹟，殼牌公司也將此捐贈給淡水文化基金會。2001 年於此創辦「淡水社區大學」。2011 年規劃為「淡水文化園區」。

淡水社區大學

淡水社區大學於 2001 年 8 月正式開學，課程豐富又多樣，有很多大學院校裡不可能出現的課程，收費又特別低廉，是推動公共教育最佳的空間。在它的校務規程中明訂「以促進終身學習，提昇社區文化，參與社區營造，發展公民社會為宗旨」，自我期許要不斷落實教育改革的理念。淡水社區大學的特色就是結合古蹟，再融入在地文化，認識淡水等相關課程。這個學校很自豪，因為他們的教學空間是百年古蹟！

淡水文化園區

淡水文化園區，即殼牌倉庫舊址與週遭綠地及濕地，經新北市政府修繕完工後，於2011年正式對外開放。「淡水文化園區」占地約1.8公頃，園區內有八棟老建物，還有搬運油品的鐵軌遺跡。修復的八棟建築物，皆以紅壁磚、土漿疊砌，其中六間是儲放油品的倉庫，一間幫浦間，另有一間鍋爐間。經歷過數度經營轉移以及戰火摧殘的市定古蹟淡水殼牌倉庫，終於以全新的姿態風華再現。內設有教學中心（淡水社區大學）、展演區、露天舞台、藝文沙龍、生態區、濕地等空間。

鄞山寺 / 客家會館

鄞山寺，建於1822年，二級古蹟，寺內奉祀定光古佛，定光古佛是中國南方客家人的祭祀圈才有的信仰。該寺大體上完整保存道光初年原貌，包括當年施工的的屋脊泥塑都相當完整。

為現今台灣唯一保存完整的清時會館。會館就是同鄉會會所，以互相濟助為目的。主要因為在清道光年間從汀州移居台灣北部的客家人越來越多，汀州人怕漳州、泉州人欺負，所以在上岸處集合形成聚落，並出資蓋地方會館，後續自唐山渡海來台的人，可臨時落腳寄居在這樣的地方會館裡。

尋奇對話

Q 把歷史古蹟跟生態環境結合在一起是挺不錯的點子。

A 是的。最重要的還是「管理」。所以政府 2007 年通過設置「鼻仔頭史蹟生態區」，將 5 個歷史古蹟：鄞山寺、湖南勇古墓、淡水殼牌倉庫、淡水水上機場、淡水氣候觀測所，以及周邊的自然生態資源一起納入管理。

Q 台灣人很重視環保和休閒？

A 這是最近 10 幾年的事。尤其是環保署的設置，發揮不少功能。文化部的運作也相當正面。休閒與生態似乎是民眾自覺自發的需求。

Q 感覺上，淡水蠻能與世界接軌的。

A 歷史上的淡水一直都很國際化！現在的台灣不僅民主，也非常開放。不過很多歷史感消失得特別快，歷史的痕跡要特別細心的加以保存！

Q 聽說社區大學裡老人學生特別多？

A 是的。一方面是許多公職人員可以提前退休，他們衣食無慮，身體也夠好，總會想出來參與社會活動。另一方面台灣人的人均壽命提高了，所以老人的需求也增多了。華人社會有句銘言：活到老，學到老！

Q 現在我明白了，淡水除了是年輕人的天堂，將來也可能老年人最愛居住的城市！

A 老實說，淡水還是吵了一點，交通尤其擁擠！除非我們犧牲一點環境，建好交通，才有此可能。

Tamsui
09

滬尾砲台

滬尾砲台位淡水北方，建於 1886 年。佔地約 8 公頃，為台灣首任巡撫劉銘傳所建，以捍衛淡水港。該砲台雖停用多年，因長期屬軍事要塞，保留狀態頗佳。營門上仍留存劉銘傳親筆所題之「北門鎖鑰」碑文。西班牙人也曾在此建造砲台，荷蘭人延用。荷蘭撤走駐軍時曾將之燒毀。清廷在 1808 年加派兵力，駐防該地，1813 年並在現址興築砲台。中法戰爭後，清廷命當時的台灣巡撫劉銘傳加強台海防務。日治時期，日軍撤下當時在滬尾的四門砲塔，將此地改作砲兵練習場地。國民政府重新賦予滬尾砲台國防任務，派兵駐守。1985 核定為二級古蹟，整修後開放民眾遊覽。

油車口

1884 年滬尾之役的古戰場，相傳 300 年前由泉州移民所開闢，18 世紀中葉，有郭姓泉州人在此開設油坊因而得名。油車口碼頭則是淡水拍攝婚紗照的熱門景點。此處可一覽觀音山、淡水河、漁船及夕陽，交互搭配，格外秀麗。油車口的忠義宮蘇府王爺廟，是淡水地區最大王爺廟，每年農曆的 9 月初九重陽節，都會舉辦燒王船的祭典。30 多年前廟旁的黑色老厝，曾開一家物美價廉的小吃店，人稱「黑店」，以排骨飯打出名號，後因道路拓寬遷往附近，每逢用餐時刻依然門庭若市，車水馬龍，蔚為奇景。

中法戰爭 / 滬尾戰役

1884 年 8 月，法軍圖佔領北台灣，派軍艦進犯，爆發中法戰爭－滬尾之役。當時台灣巡撫劉銘傳發現淡水重要性，擔心法軍可由淡水河直接進入台北府城，因此決定棄守基隆，把兵力改移至淡水。當時清朝在淡水的沙崙、中崙、油車口修築砲台均遭法艦砲轟摧毀。劉銘傳任命提督孫開華，負責整修淡水防禦工事，以填石塞港，佈置水雷，建造城岸，修築砲台禦敵。10 月 8 日，孫開華帶領清兵及鄉勇，奮勇抗敵，擊退法軍。此為清廷難能可貴之勝戰。法軍後來封鎖海岸半年餘始撤走。

北門鎖鑰

指北城門上的鎖及鑰匙，後借指北方的軍事要地。1885 年滬尾戰後，清廷加強防禦工事。劉銘傳聘請德籍技師巴恩士（Max E. Hecht, 1853-1892）監造，並自英國購入 31 尊大砲，1889 年安裝竣工。惟新砲未曾參與戰事，故基地建築保持相當完整。現存東南方的營門上的碑文「北門鎖鑰」為劉銘傳親筆所提。這也是劉銘傳在台灣本島所建砲台，唯一碩果僅存的一座，具有其特殊的意義與價值。巴恩士也因建成此一海防利器有功，還獲清廷贈勳及賞銀表揚。39 歲歿於台灣，葬於淡水外僑墓園。

尋奇對話

Q 這裡居高臨下，視野極佳，的確是鎮守的好地方。

A 這裡是所謂淡水的「五虎崗」的第一崗，習稱「烏啾崗」。另一頭就是老淡水高爾夫球場，它是台灣最早一座高爾夫球場，1919年由日本人建成。原先這塊地還是清軍的練兵場。

Q 湖南人與淡水人還蠻有關連的？

A 當初清廷由大陸調來台灣防守的正規軍一大部份來自湖南。1884年滬尾之役的守將孫開華也是湖南人。在竿蓁坟場還有一座湖南勇古墓。

Q 台灣很流行婚紗照，聽說還外銷到中國大陸去？

A 婚紗是筆好生意！台北市區還有一條「婚紗街」。大陸的婚紗照幾乎都是台灣業者去開發的。

Q 婚紗照是否一定會選上風景最美的地方拍攝呢？

A 這是所謂的「出外景」，就是戶外婚紗照。當然要選居家附近風景最美的地方拍攝。預算多的還可以安排出國拍攝，順便渡蜜月！所以婚紗攝影師往往就是旅遊景點的最佳探子。

Q 拍了婚紗照是否比較不會離婚呢？

A 過去台灣的離婚率很低，現在比較高些。的確，年輕夫婦如果鬧彆扭，若去翻翻婚紗照，或許就會打消分手的念頭。

Tamsui
10

漁人碼頭

淡水漁人碼頭，位在淡水河出海口東岸，前身為 1987 年開闢的淡水第二漁港，鄰近沙崙海水浴場，是淡水最新開發的觀光景點，於 2001 年 3 月正式完工並對外開放，以其夕陽景色及新鮮的漁貨聞名。目前除了觀光休閒設施之外，仍然保有其漁業港口的功能。浮動漁船碼頭約可停泊 150 艘漁船及遊艇，河岸觀景劇場平台最大能容納 3000 名觀眾。白色的斜張跨港大橋於 2003 年 2 月 14 日情人節當天正式啟用，故又稱「情人橋」。在橋上可欣賞夕陽景色，總長約 164.9 公尺。水路及陸路交通皆可通達，有一座 5 星級景觀旅館。

情人橋

「情人橋」位於漁人碼頭上專供行人步行的跨港景觀大橋。長 164.9 公尺、寬 5 公尺，最高處 12 公尺，微彎的大橋柱側看像似流線船帆造型，遠觀整座橋的色彩是白色，但細看其實是淺白又帶點粉紫與粉紅色的柔美色調。由於大橋的造型優美而浪

漫，視野非常遼闊，因此目前已成淡水風景的地標景點。情人橋有個美麗的傳說：情人們若是牽著手、心繫著彼此，相偕走過情人橋，那麼兩人的戀情將更加美麗，但若在走過情人橋的中途，有人回頭了，或把手放開了，那麼未來，他們的戀情將會受到許多考驗。

情人塔

耗資近 3 億多元打造的漁人碼頭「情人塔」於 2011 年 5 月正式啟用，塔高計 100 公尺，每次可容納 80 人，可提供淡水區域 360 度全視野景觀。瑞士製造，耗時 4 年打造，是台灣第一座百米觀景塔，有 360 度的旋轉觀景塔，外加一座可

觀賞淡水景色的圓形座艙，座艙外罩為整片式安全玻璃防護罩，可有效防風雨。乘客進入座艙中，座艙會緩慢調整上升與下降的角度，隨著情人塔緩緩旋轉上升，登高望遠，可將淡水美景盡收眼底。

休閒漁港

漁人碼頭雖然能保有漁業港口的功能，但幾乎已轉型為「遊艇碼頭」，它的浮動碼頭上經常停滿各式各樣的小遊艇。它們的主人大多是台北都會裡的富豪人士，因熱愛海上活動，買了遊艇，將這裡當「停船場」，有空才會開出海兜風。這裡是「藍色公路」的重要景點，來自各處的客船都會在此停泊。藍天碧海，漁船遊艇，尤其傍晚時分，滿天湛紅，也是北台灣難得一見的濱海風情。

淡江大橋

淡江大橋將是一座跨越淡水河河口的雙層橋樑，為台灣第一座鐵路軌道和道路共構的雙層橋樑。1980 年代末提出興建計畫，全長 12 公里，包含主橋 900 公尺及兩端聯絡道，屬於雙層橋樑，橋面總寬 44 公尺，橋高 20 公尺，下層橋樑，設計車輛行駛時速 100 公里，上層橋樑，中央規劃為 8 公尺寬的輕軌路軌，耗資新臺幣 153 億元。將於 2016 年動工，並計於 2020 年完工通車。預計完工後，可以舒緩關渡大橋的交通流量，並且帶動淡海新市鎮的開發。

尋奇對話

Q 從高處看淡水，確實別有一番風情。整個城鎮看起來很休閒，也很幸福！

A 最近台灣也有人從空中拍了一部紀錄片《看見台灣》，很新奇，也很令人感動。台灣真的有如 400 年前航行經過此地的葡萄牙水手的驚呼「Ilha Formosa!」（美麗之島）那樣。

Q 不過，聽說這部紀錄片也讓許多台灣人警覺到過度開發的後果……。

A 是啊！有節制的開發是必要的。未來的「淡江大橋」也是花了 20 多年的討論才順利通過的……。

Q 橋應該是優先且必要的項目。屆時淡水可能更加繁榮了！

A 我們希望它是有計畫的成長，不然「人滿為患」，古有明訓！

Q　夏天這裡很熱鬧，冬天應該很少人來吧？

A　夏秋兩季這裡很熱鬧，幾乎像極了國外的渡假聖地，有音樂會，有藝術市集等等，最重要的是天天可以欣賞日落，看霞光滿天。春冬多雨又寒冷，旅客自然少了許多。不過，當地的旅遊業者也有許多吸引遊客的配套措施。

Q　聽說這裡的海鮮很地道？

A　淡水究竟還是漁港，自然有許多新鮮的漁貨，那就看你敢不敢嘗試哩！

Tamsui
11

紅樹林

到了捷運「紅樹林站」一眼就可看到綠油油的一片紅樹林。1986年它被劃為「淡水紅樹林生態保護區」,總面積為76公頃,是淡水河從上游所堆積而成的海岸沙洲沼澤區,也是台灣面積最大,全世界緯度最北的紅樹林自然分佈地點。這些生命旺盛的水生植物因枝枝泛紅而得名。紅樹林這種濕地生態系統對人類有很高的利用價值,包括保護堤岸、河岸、海岸,供應魚苗資源,提供野生物棲息及繁殖場所,海岸景觀林,休閒旅遊場所及提供薪材,也有「水中森林」及「候鳥樂園」之稱。

白鷺鷥

白鷺鷥是台灣很普遍的留鳥，它們經常活動於水澤、湖泊附近，以魚類、蛙類及昆蟲為主食。喜歡群體居住，淡水紅樹林就是它們最大的家，估計有數百隻棲息於此。每到傍晚時分，三五成群翱翔歸巢，吵嚷聲此起彼落。白鷺鷥體色潔白，含有聖潔之意。步伐穩重、氣質高貴，活動敏捷、飛行姿態優美。傳說中，白鷺鷥棲居福地，在有水稻的地方，就有白鷺鷥前來啄蟲，保護農作。

水筆仔

竹圍至淡水之間的紅樹林是全然由「水筆仔」所組成的樹林。其得名係因為幼苗像筆一樣懸掛在樹枝上，長約 10 到 15 公分。這些樹的果實仍在母樹上時，胚即自種子長出，形成胎生苗。幼苗垂掛在枝條上，可自母株吸取養份。當幼苗脫離母株時，有些可插入泥中，側根再長出，再長成幼樹。有些幼苗縱使沒有順利插入泥中，能隨波逐流，再定著在適當地點。在鹽度高、土質鬆軟、缺氧及水中含氯量高的環境下，胎生現象正是最有利的適應方法。

生態步道

「淡水紅樹林生態步道」入口就在捷運紅樹林站旁，這段步道由實木搭建，在紅樹林生態區中蜿蜒而行。長度短短不到 1 公里，沿途便可眺望觀音山景、欣賞淡水河風光及濕地多元動植物生態。 站在步道上可以近距離觀看、甚至觸摸水筆仔。招潮蟹就在腳下肆意「橫行」，白鷺鷥在不遠處緊盯水面追蹤獵物。除了美麗的風景、有趣的潮間帶生物，這裡還有許多讓愛鳥人士趨之若鶩的野鳥。也是溼地生態實地教學好去處與賞鳥好地點。每年 9 月至隔年 5 月為候鳥過境的季節，是賞鳥的好時機。

尋奇對話

Q 台灣人好像很喜歡白鷺鷥？往淡水的公路旁也有它們飛舞的圖案！

A 是的。有一首耳熟能詳的台灣童謠，歌詞是：「白鷺鷥車畚箕，車到溪仔墘，跌一倒，拾到一先錢。」指小孩子一無所有，希望化成白鷺鷥，能碰到好運氣，在路上撿到錢！

Q 淡水的紅樹林會有許多候鳥經過嗎？

A 據野鳥協會統計，大約會有10餘種。不過數量應不會太多，因為太靠近市區，人聲鼎沸，覓食也不易。不過體型較小的候鳥比較常見，尤其在關渡平原，那裡還築了好幾間觀鳥小屋，可就近觀看。

Q 關渡平原應該就屬於所謂的「濕地」了？它有受到保護嗎？

A 應該算是有。政府將它列為「低度開發區」。現在台灣人越來越重視保留「濕地」，也更積極地加以利用，譬如，規劃成保育區、生態教育園區，或者親子休閒區等等。

Q 聽說關渡平原以前還是一片大沼澤，唭哩岸以前還是個河港？

A 事實上，台北盆地以前有許多地區也是沼澤地。目前有些地方的地面只比海平面高出一點而已！所以經常會鬧水災。台北捷運以前也被大水淹過，停駛了好幾個星期。

Q 所以台北是個「水鄉澤國」？

A 治水一直都是台灣很重要的施政，但我們現在很喜歡親水！

淡水小吃

Tamsui
12

淡水是的傳統的漁港，過去更是台灣重要的通商口岸，因此物資豐富，海產類更是這裡的一大特色，加上交通、歷史與地方發展，孕育出豐富而多元的飲食文化。淡水老街歷史悠久，也發展出多樣的飲食風貌。淡水的小吃百百種，但最有名的有魚丸、魚酥、「鐵蛋」、「阿給」。這些有名的小吃大部分是就地取材，反映基層民眾的基本飲食需求，也烙印著許多文化融合及社會嚮往。從普羅市井小吃到海鮮大餐、異國料理等。其中「阿給」及「鐵蛋」更是淡水老街最具特殊風味的小吃。

魚丸

淡水早期是漁港，漁獲量大，以致於供過於求，捕來的漁獲除了在市場販賣外，更延伸出許多附加產品，如魚乾、魚酥、魚丸等。魚丸是將中、大型魚肉（鯊魚或鬼頭刀）磨成魚漿後，加少許太白粉和水調和，製成魚丸外皮，中間則包入特殊的豬肉燥。煮湯食用，香味濃郁。其實全世界各地都有「魚丸」，口味的差異多來自魚種及手工，還有配料。

鐵蛋

早期在淡水渡船頭的一位麵攤子老闆娘阿哖婆，將賣不出去的滷蛋回鍋再滷，結果，滷蛋變得又黑又小，像鐵一樣，有些顧客好奇，就買來試吃，覺得又香又耐嚼，於是聲名漸漸遠播，「鐵蛋」因而得名，習稱「阿婆鐵蛋」，成了淡水有名的特色小吃。鐵蛋的製作過程很費工費時，每天必須用醬油及五香配方調配的滷料，經過幾個小時的滷製，然後用風乾，反覆持續幾天才能完成。

傳統糕餅

淡水有許多老字號傳統糕餅舖，傳統古早餅，口味眾多，多遵行古法精製、每一個糕餅都保留著令人懷念的古早味，每一口都能讓遊客感受到回味不盡的鄉土味，是淡水重要的傳統美食。1984 年其中一家新勝發，還曾獲得日本糕餅比賽博覽會的金賞獎！台灣婚習俗中，女方會訂做許多「禮餅」分贈親友，為了不要「失禮」，大多會精挑細選風味及口感一流的淡水喜餅。

魚丸博物館

充分利用淡水漁港龐大的漁獲，
1963 年登峰公司創新開發出淡
水魚酥，目的是提供民眾一份
佐餐品，之後成了休閒食品、
觀光禮品。2004 年，店老闆
在淡水老街上開設「魚丸博物
館」供民眾參觀，它是全台
第一座以魚丸為主題的博物

館，也能安排 DIY 參訪的「觀光工廠」。博物館佔地約
70 餘坪，共有三層樓，一樓為產品販售區，二樓為展示廳，陳列許多
捕魚的古董器皿及歷史照片圖說，還展示一支 1884 年中法滬尾之役法
國海軍陸戰隊所使用的制式步槍（Fusil Gras M80 1874）原品。

阿給

「阿給」是日文「油豆腐」（あ
ぶらあげ / 阿布拉給）發音的
直接簡化音譯。做法是將四方
形豆腐中間挖空，然後填入冬
粉，再以魚漿封口後，加以蒸
熟，食用時淋上甜辣醬，再加
上魚丸湯或大骨湯汁，即是
讓人食指大動的阿給美食。「阿給」應是
淡水口味最獨特的地方小吃。1965 年由楊鄭錦文女士所發明，起初是
因不想浪費賣剩的食材，而想出的特殊料理方式。創始店位於淡水鎮真
理街上，專作學生的早餐與午餐。

尋奇對話

Q 很多人來台灣觀光旅遊很可能就是衝著想享用這裡的美食？

A 台灣的美食在世界排名數一數二，可以跟它媲美的大概只有地中海菜及日本料理。此外，在台灣，人們幾乎可以吃到中國各地的佳餚。在香港及中國大陸就沒有這種多樣性。

Q 美食和小吃有何不同？

A 美食是大宴，通常會有 10 到 12 道菜餚。小吃通常只有單味，傳統市場邊都吃得到。尤其在夜市，它更是以提供各式各樣的小吃為賣點。

Q 聽說現在台灣政要宴請國外貴賓，甚至在國宴上，也會安排推薦台灣地方小吃？

A 對啊！因為有些小吃還真的在其他地區，或國家根本吃不到！是真正的「台味」！

Q 台灣小吃有幾種？那裡吃得到？

A 應該沒有人統計過，即便同樣一款，各地的口味、配料也不同！要吃小吃一定要到夜市。也有一些餐廳開始專賣台式的小吃。但並不是所有的小吃都能搬得上檯面的！

Q 所以，來台灣觀光旅遊一定要到夜市吃小吃！

A 不過，還是要提醒你，夜市小吃的衛生條件、服務及用餐品質一向不夠好，你心裡要先有準備！

Tamsui
13

淡水藝文

淡水既是古代漢人移入的北方門戶，又是列強爭奪的據點，還
一度淪為日本殖民地達半世紀之久，早年是海峽兩岸及國際通
商的要埠，所以歷史古蹟、文物豐富。加上地勢優良，山海交接，
河運通達，所以人文薈萃，不僅城鎮生命力旺盛，文藝風氣亦
深烙民心。古代迄今定期有民間自發藝文活動，如廟會迎神、
樂團劇社。現今則規劃有淡水踩街藝術節、亞洲藝術村、雲門
舞集淡水園區等。淡水藝文活動的最大資產在於，它擁有人文
厚度、歷史感、國際觀，加上美麗的景致、旺盛的商業活動及
便捷的交通。

一滴水紀念館

「一滴水紀念館」位於滬尾砲台左側。該棟日式建築原是日本福井縣的古民宅，已有近百年的歷史，是日本作家水上勉的父親手所建的舊居，特別援引水上勉說的「一滴水脈有無限可能」做命名。1995 年阪神大地震時，這棟古民宅未遭毀壞。屋主為了讓同鄉災民有個懷想的地方，便把房子捐出。1999 年台灣發生 921 大地震，日本阪神地震的受災者來台協助災區重建工作，決定把這棟日式古民宅贈與台灣。經過一年多的努力，在來自日本及台灣志工 1300 人的攜手合作下，於 2009 年 8 月 16 日原封不動的組裝完成，並於 2011 年 3 月 29 日開館。

淡水大拜拜

「大拜拜」之意為：寺廟謝神或建醮等重大慶典時所舉行的儀式，及宴請流水席。所以會有迎神活動、親友相聚，大吃大喝的。早期先民渡海來台灣拓墾，因為水土不服、瘟疫、天災或戰亂等因素，移民會奉請家鄉守護神隨同來台灣，求消災解厄保平安。如今，拜拜已跨越宗教信仰的範疇，成為台灣人民生活文化不可或缺的一部份。「淡水大拜拜」是淡水祖師廟的慶祝活動，於每年舊曆五月初六（西曆六月中旬）舉行祭典，每年都萬人空巷，都得進行一整天的交通管制。

淡水藝術節

淡水國際環境藝術節踩街嘉年華，自 2008 年起，每年 10 月在淡水市區舉行。2013 年以「世界萬花筒」為主題，充分表現出淡水多元文化與異國風情，共有 50 個隊伍、超過 1500 人，以創意、熱情走踏淡水街道。這項藝術嘉年華的活動是由多位藝術家及社區居民通力合作和參與，將淡水的歷史、傳說、風土人文、及當代日常生活，化為創作素材。透過「藝術踩街」與「環境戲劇」演出，以呈現四百年來淡水的獨特藝術饗宴。近來也結合國際藝術團體的邀訪，使這項活動更具多元及吸引力。

尋奇對話

Q 「一滴水紀念館」的故事很感人，台灣與日本的關係真的很特殊，很密切！

A 台日民間交流一向很密切，觀光旅遊及商務貿易有來有往，而且十分興盛。透過眼見為憑及交流就更能瞭解對方！

Q 「雲門舞集」是國際最知名的台灣表演藝團，將來它的「淡水園區」應更可帶動此地的藝文活動及曝光率！

A 聽說當初是雲門主動選上淡水的！屆時整個園區會對外開放，包括供民眾參訪及安排表演工作坊。

Q 西方人或其他民族會用牛或羊當犧牲，台灣地區為何會選中豬當牲品呢？

A 台灣地區過去家家戶戶都會養豬。中文「家」字就說明一切：養了豬才能成家。這裡比較少人養牛羊，而且耕種的農民比較疼惜牛的辛勞，所以祭拜都用大豬公。

Q 聽說台灣也有養豬公這個專門行業，甚至還比賽誰養得最大隻？

A 這是一種榮譽，也是對神明的最大敬意。史上最重的豬公達1683台斤（合1010公斤）。那是要花好幾年細心照料才有可能。人們會宴客（通常都是流水席），也會分贈豬肉給親友。

Q 將來如果能將迎神、拜拜及藝術嘉年華會結合在一起，應該是蠻不錯的點子！

A 啊呀！你很適合當我們的文化部長！

淡江大學

Tamsui
14

一所沒有宗教、企業背景的大學，以校風開放著稱。也是一所
「沒有圍牆的學校」。創辦之初，淡水居民出地捐輸功不可沒。
校園與居民共享共營是一大特色。1950 張鳴（驚聲）、張建邦
父子發想所創，初期為英語專科學校， 1958 年改制為文理學
院，1980 年正名為淡江大學。迄今擁有淡水、台北、蘭陽、網
路等 4 個校園之綜合型大學，有 8 個學院，27000 餘名學生，
2100 餘位專兼任教職員工，及 24 萬多名校友，是台灣最具規
模且功能完備的高等教育學府之一。《Cheers》雜誌在《2015
最佳大學指南》發佈 2015 年 2000 大企業最愛大學生調查，淡
大第 18 度蟬聯私立大學之冠。

宮燈教室

淡江大學的風景及建物雅致，口碑相傳，揚名中外。早年還是電視連續劇及電影取景的熱點。當中最著名的首推興建於1954年的「宮燈教室」。它依山丘斜坡興建，雙排對稱的仿唐朝傳統建築，碧瓦紅牆，扶搖直上；前後綠地，窗明几淨。中央一長排宮燈，有9根仿古華表，18條蟠龍，上方掛起兩盞宮燈。每當華燈初上，與一輪火紅夕陽相互輝映。其設計出自淡大建築系首任系主任馬惕乾之手，於1955年全部建成啟用，迄今已育逾半世紀！

海事博物館

淡江大學海事博物館為一獨棟2134平方公尺的船型建築，前身為「商船學館」，是淡江大學專門培育航海、輪機科技人才的搖籃。由長榮集團總裁張榮發先生捐資興建，並捐贈各項有關航海、輪機之教學設備。

後因國家教育政策的變更，奉令停止招收航海、輪機的學生，俟1989年送走最後一屆學生後，擘劃興建為全國首座「海事博物館」，展示古今中外各類的船艦模型。當時董事長林添福亦捐贈私人收藏的50餘艘全球知名船艦模型。1990年6月開館，免費供各界參觀。

蛋捲廣場

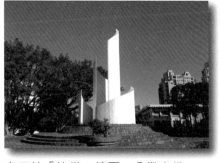

位於淡大校園中心點的「蛋捲廣場」，原為一方正有中庭的二層樓綜合教室。1986 年拆除改成綠地廣場，中央由建築師林貴榮校友設計一座建物，有四片「竹卷」繞圈，象徵古代的簡冊，故命名「書卷廣場」，因酷似蛋捲，遂有了「蛋捲廣場」之別名。從上俯視，像馬達中的轉軸，生生不息。雪白瀟灑的弧型造形，不論藍天、黃昏或夜晚，都呈現出不同的迷人景致。目前它是淡大許多社團聚會及大型活動舉辦的地方，也是每位淡江人拍照、懷念的景點。

淡大校歌

作詞 / 鄒魯　作曲 / 呂泉生

浩浩淡江 萬里通航 新舊思想 輸來相將

博學審問 明辨篤行 自成機杼 用為世匡

學戒驕固 技守專長 樸實剛毅 大用是彰

彼時代之菁莪兮 國家之貞良

(願) 乾乾惕厲兮 莫辜負大好之時光

尋奇對話

Q 淡大畢業生連續 17 年獲企業界肯定，排名私校第一，全國第八！淡江畢業的學生還真的了不起！

A 主要原因是淡江大學是一所老字號的綜合型大學，做出了品牌。另外學風自由，學校治理相當前瞻及靈活。很早就提出三化：國際化、資訊化、未來化。

Q 擁有 24 萬名校友，應該是很大的社會資源。

A 換算一下，每 100 個台灣人就有一個是淡大畢業的！這還不包括他（她）們的家庭，他（她）們肯定都是淡江大學的代言人。這裡還出現過三代都是淡大畢業的！

Q 淡江大學已創立 60 餘年，一提到淡水都會想到淡江大學？

A 是的！淡江大學就屬於淡水。淡水基本上就是一座大學城。除了淡大，還有真理大學、聖約翰科技大學、台北海洋技術學院分校，及關渡基督學院等共 5 所高等學院。

Q 淡江大學畢業校友最懷念學校的地方是什麼？

A 四時變化的校園風景啊！尤其是古色古香的宮燈教室。每年 3 月校友回娘家日，校友們都會指定到宮燈教室裡重溫舊夢！

Q 淡江大學是民歌的發源地，音樂風氣應該很盛吧？

A 這裡沒有音樂系，但有一個很不錯的音樂廳。校園音樂活動一直很興盛，也養育不少知名歌手。藝文界及影視圈的校友也很多。反正，這裡很美，所以學生們都很懂得欣賞美！

河岸自行車道

Tamsui
15

淡水至紅樹林自行車道，沿河濱架設，車道長約 2.5 公里。可騎上公路延伸至淡海的漁人碼頭，亦可上關渡大橋，轉八里左岸自行車道風景區，直達十三行博物館。自行車道內只有行人及腳踏車才能進入，是最安全又愜意的單車之旅。自行車道一邊是綿延無際的海岸風光與濃密紅樹林水筆仔，一邊是疾駛如風的捷運，行在其中，山光水色盡收眼底。自行車道沿線設置觀景平台，不時可見白鷺鷥飛翔、招潮蟹橫行、彈塗魚的身影，可體驗淡水河岸好風光及對岸蒼鬱的觀音山、野鳥群飛、夕陽落日等美景。

假日單車

台北市政府自 2002 年開始規劃全市河濱自行車道，完成環繞台北市河濱，包括淡水河、基隆河、景美溪及新店溪等四大系統，南起景美、東自內湖，沿著河岸二側向下游延伸至關渡濕地，形成總長約 111 公里的河濱自行車道網絡。並根據各河川沿線不同的景觀及特色，將河濱自行車道規劃為「關渡、金色水岸、八里左岸自行車道」等不同休閒主題的自行車道。沿線豐富的自然、人文、古蹟等美麗景觀，提供給民眾假日的休閒好去處。完工以來，頗獲好評，假日騎單車幾乎蔚為台灣的國民運動！

河岸馳騁

台灣號稱自行車王國，捷安特（Giant）、美利達（Merida）早已是世界自行車十大暢銷品牌。台灣每年生產超過 440 萬輛自行車。許多國際名牌自行車也多委託台灣工廠生產。有 270 萬人以單車做為運動項目，70 萬人以單車為交通工具。單車環島更是最近最夯的運動項目。目前全台已建構完成 40 條自行車道，約有 1180 公里。其中大多沿河岸開闢。淡水到新店河岸自行車道全長 60 公里，假日騎乘人口更如過江之鯽。一方面運動休閒，另一方面親近河水，達到生態休閒旅遊的目的。

微笑單車（U-bike）

由台北市政府委託捷安特自行車建置和營運，並以「YouBike 微笑單車」作為對外的服務品牌（以 U-bike 為標誌）。它採無人化自助式服務，於 2009 年 3 月開始示範營運，最後在 2012 年 11 月正式啟用。YouBike 目前已經發出 13 萬張會員卡，累計的租賃次數超過 100 萬人次。截至 2014 年 2 月，YouBike 在台北市共有 158 個租賃站點。這項創舉開辦之初虧損連連，後來改成前半小時免費及廣設據點，租乘才蔚為風氣，成了台北市一項特殊景觀。人們也可以在淡水自行車道上看到它的蹤影。

尋奇對話

Q 聽說你曾去單車環島過，總共花了幾天？

A 全程 900 餘公里，我們一共花了 9 天。不過專業型的可以 7 天，甚至 5 天，還有人挑戰 3 天！

Q 台灣的年輕人為什麼特別喜歡單車環島？

A 因為相當方便，這也是親近自己的土地的一種方式。網路 也鼓吹愛台灣的三項運動：單車環島、登玉山、泳渡日月 潭。

Q 聽說很多企業及單位為提醒員工多運動，還會舉辦企業團 體自行車旅遊？

A 最有名的應該是捷安特自行車製造場老闆劉金標老先生， 70 多歲的他還帶領高級主管單車環島好幾次！

Q 台北市的「微笑單車」相當有名，連《國際旅遊雜誌》
（*Global Traveler*）都曾專文推介。

A 2007 年法國巴黎街頭最早推出公共自助自行車（Vélib'），
帶起了一股自行車風潮，世界其他主要城市也紛紛跟進。
台北市的「微笑單車」租借系統便是取法巴黎，並將刷卡
系統結合捷運悠遊卡。

Q 外國觀光客也可以借用嗎？

A 當然可以！只要買一張捷運悠遊卡，在街頭的服務柱上自
行辦妥登記就可以了。

Parlons de Tamsui

Tamsui
01

歷史上的淡水

TAMSUI DANS L'HISTOIRE

Tamsui, ville portuaire de légende, est adossée à une montagne et proche d'une rivière. Siècle après siècle, elle accueille vague après vague d'immigrants venant de la mer de Chine du Sud et de la Chine, ainsi que leurs histoires diverses et variées qui ont laissé une précieuse trace dans la ville. Depuis le Mont Guan Yin sur la rive opposée, le panorama révèle tout le charme de Tamsui, entre rivière, montagne et mer. Que vous alliez visiter l'ancien fort bâti il y a 300 ans, les vieilles rues avec leurs temples traditionnelles, ou les pavillons occidentaux exotiques, que vous regardiez le métro qui longe la rive, ou encore les vélos qui roulent tranquillement… Tamsui est synonyme de bonheur et de sérénité !

Où est Tamsui ?

Tamsui est située au nord-ouest du bassin de Taipei, faisant face au Détroit de Formose, à l'embouchure de la rivière de Tamsui. La ville de Tamsui est à l'ouest de Shilin, au sud de Sanchi et au nord de Pali sur l'autre rive de la rivière de Tamsui. Elle est adossée aux chaînes montagneuses de Tatun, aussi connues sous le nom de Collines des Cinq Tigres. Le seul espace en plaine se situe au sud sur les rives de la rivière.

Les huit nouveaux paysages à Tamsui

1. Panorama à Buding

2. Vue du Volcan de Tatun

3. Plage de Shalun

4. Rives de la rivière de Tamsui

5. Mangrove du Pont de Guandu

6. Couché du soleil à l'estuaire

7. Mont de Guan Yin

8. Vieilles rue de Tamsui

D'où vient le nom Tamsui ?

Selon les travaux de l'historien Chen Zong-Ren, « Tamsui » était anciennement le nom des lieux où les bateaux chinois se ravitaillaient en eau douce et en vivres. Au 17ème siècle, avec l'arrivée des puissances coloniales occidentales, Taiwan est devenu le centre du commerce international en Asie de l'Est, d'où une importance accrue du port de Tamsui. Cela se voit par l'apparition de Tamsui sur les cartes ou les documents réalisés par les occidentaux à l'époque, le nom étant différemment orthographié « Tanchui ou Tamchuy » (espagnols), ou encore « Tamsuy » (hollandais), etc. Ces variantes phonétiques montrent bien que le nom Tamsui est déjà un terme courant au 17ème, désignant l'embouchure de la rivière, le port et son voisinage.

Un ancien nom : « Hobe »

Hobe est l'ancien nom de Tamsui. Il existe plusieurs explications quant à l'origine de ce nom. Ainsi, « Hobe » serait en rapport avec la pêche ou le poisson, puisque le caractère « Ho » désigne un piège pour la pêche. Une autre hypothèse penche pour une transcription phonétique du nom de lieu aborigène. Dans un article de l'historien Zhang Jian-Long intitulé « Recherches Textuels sur l'Origine de Hobe », il est fait référence à une « Carte de Taiwan et de Penghu » réalisée sous le règne de l'empereur Yongzheng de la dynastie Qing, dans laquelle, à l'ouest du camp militaire de Tamsui, il est marqué « Tribu de Hobe », démontrant ainsi la validité de l'hypothèse aborigène.

Dialogue

Q Tamsui signifie littéralement « eau douce » en français, pourquoi ce nom ?

A En fait, plusieurs noms sont utilisés : le nom de Tamsui vient sans doute de ce que les marins Han venaient ici chercher de l'eau douce. Un autre nom de la ville est « Hobe », transcription phonétique du nom utilisé par les aborigènes.

Q Quelles sont les puissances qui sont passées par là après les Han ?

A Les premiers ont été les hollandais, puis sont venus les espagnols, les français, les anglais et enfin les japonais. Après leur victoire sur la dynastie des Qing, les japonais ont obtenu le contrôle de Taiwan pendant 50 ans jusqu'en 1945.

Q La population actuelle est composée en majorité de Han. Quand est-ce qu'ils ont massivement immigré ici ?

A Tamsui est en fait assez proche de la Chine, le point le plus proche étant seulement situé à une distance de 130 kilomètres. Ainsi, les populations côtières du continent ont commencé à im-

migrer en masse malgré l'interdiction depuis le 18ème siècle. Tamsui était alors le seul grand port dans le nord de Taiwan. Finalement, la dynastie des Qing a intégré Taiwan dans son territoire en 1885 seulement, établissant en même temps une capitale provinciale.

Q **Est-ce que le film d'Hollywood « La canonnière du Yang-Tse » avec l'acteur Steve McQueen dans le rôle principal a été tourné ici ?**

A Oui, ce film a été tourné à Tamsui en 1965. L'histoire raconte comment en 1926, une canonnière américaine patrouillant sur le Yang-Tse, se retrouve en plein cœur de la guerre civile chinoise.

Q **Il y a donc de nombreux monuments historiques à Tamsui ?**

A Oui, plus que dans toutes autres villes à Taiwan. Il y a aussi beaucoup d'activités culturelles. Tamsui est actuellement une importante destination touristique et de loisir dans le nord de Taiwan.

Mots-clés

01. siècle: n.m.   世紀

02. immigrant: n.m.   移（入）民

03. diverses et variées: 多樣變化的

04. précieux/se: adj.   珍貴的

05. panorama: n.m.   （廣角）全景

06. exotique: adj.   異國風味的，異國情調的

07. synonyme: n.m.   同義詞

08. littéralement: adv.   字意上地

09. aborigène: n./adj.   原住民，原住民的

10. contrôle: n.m.   治理權

11. massivement: adv.   大量地

12. capitale: n.f.   首都

13. destination: n.f.   目的地

15. embouchure: n.f.   出海口

16. couché du soleil: n.m.   日落，夕陽

17. commerce international: n.m.   國際貿易

18. hypothèse: n.f.   假設

Tamsui
02

渡船頭

LE FERRY

Le passage en bac de la rivière de Tamsui était pour les anciens Han
la voie d'immigration principale vers le nord de Taiwan, c'était aussi
un centre important du transport fluvial. Cependant, il ne nous reste
plus que quelques dessins et textes pour témoigner de l'importance du
trafic fluvial d'il y a 200 ou 300 ans. Sous l'administration japonaise,
Tamsui a vu son rôle de port maritime remplacé par Keelung, de plus,
avec la construction du Pont de Guandu en 1982, le passage en bac
a progressivement périclité, ne conservant plus qu'une seule ligne
entre Tamsui et Pali. La vue de ces bateaux à coque bleu traversant
calmement la rivière est pourtant devenue emblématique de Tamsui.
En 2004, des quais flottants ont été construits en plusieurs points
sur les deux rives, permettant l'inauguration d'une « Autoroute
Bleue » avec une flotte de petites embarcations touristiques.
Aujourd'hui, les « Quais des Pêcheurs » et de nombreuses autres
attractions touristiques ont permis la renaissance d'un tourisme
moderne sur les rives de l'ancien passage.

Le Ferry de Tamsui

Le passage en bac de la rivière de Tamsui était par le passé un port majeur avec un trafic important. Inauguré en juillet 2004, le nouveau ferry avec ses quais flottants facilitant la navigation des petites embarcations touristiques a permis un renouveau du dynamisme dans le transport et le tourisme. Les ferrys reliant le « Quai des Pêcheurs » et la « Rive gauche de Pali » permettent non seulement aux touristes de débarquer pour une visite mais aussi de contempler les deux rives. Le soir, le couché du soleil se reflète sur les flots, et le Mont Guan Yin ressemble à un tableau vivant grandeur nature. Prendre le ferry est une expérience inoubliable mêlant paysages terrestres et fluviaux. Matin ou soir, les astres solaire et lunaire se reflètent sur l'eau procurant des sensations différentes à chaque heure.

L'Autoroute bleue

Le but de l'initiative des « autoroutes bleues » est de développer le transport fluvial touristique. Depuis leur lancement en février 2004, plus d'un million de passagers ont utilisé l'une des huit lignes de transport fluvial existantes. La visite est par ailleurs guidée, et on peut observer de près l'environnement naturel tout en apprenant l'histoire de la région. D'autre part, les deux lignes maritimes dites du « Nord de Taiwan » et de la « Côte septentrionale » au départ de

Tamsui sont organisées pour prolonger le voyage touristique vers la mer. Un service d'audio-guide en japonais est disponible pour attirer les touristes japonais. Le nouveau port de Taipei propose quant à lui une liaison directe avec Fuzhou en Chine pour attirer les touristes chinois.

Couché du soleil à Tamsui

Tamsui est adossée à une montagne et fait face à l'embouchure de la rivière vers l'ouest. Ainsi, tous les soirs à l'heure du couché du soleil, les derniers rayons enflamment l'horizon, et se reflètent en une multitude d'éclats dorés sur la mer et la rivière. Depuis toujours, ce paysage a inspiré les louanges flatteurs de la part des poètes, écrivains, peintres et photographes. En automne, plus particulièrement, lorsque les rayons du couché de soleil se déversent sur la ville pour toucher chaque passant et visiteur, le bonheur est alors palpable et le temps s'arrête.

Vagabons à Tamsui

Paroles et composition / Chen Ming-Zhang Arrangement / China Blue

Amis ou inconnus, venez tous faire la fête avec nous,

Buvons, cul sec, cul sec !

Accordéon et guitare en main, la vie nous a emmené tous les deux jusqu'à Tamsui,

Je pense à ma bien-aimée restée au village, et me dis que l'amoureux que je suis est bien sot.

Après un verre, je me relâche et oublie mon spleen, le passé est comme un rêve,

Je pense à mon village, tentant d'oublier ma bien-aimée, je les laisse derrière moi pour une nouvelle vie.

Vanité ? Non, pauvreté, telle est ma motivation,

Quand un client m'appelle, j'y vais quelque soit le vent ou la pluie, et je lui chante des chansons d'amour nostalgiques.

La vie est remplie de hauts et de bas, pas la peine de s'attrister, parfois tout roule, et parfois rien ne va plus,

Profitons de cette nuit pour être joyeux ensemble, toi dansant et moi chantant.

Amis ou inconnus, venez tous faire la fête avec nous,

Buvons, cul sec, cul sec ! (refrein x3)

Dialogue

Q C'est facile d'aller à Tamsui ! 35 minutes en métro depuis la Gare de Taipei, en plus, le paysage sur le trajet est fascinant !

A C'est vrai que le réseau du MRT est de plus en plus dense et pratique, il attire des passagers venant de plus en plus loin. Les week-ends et jours fériés, le métro est toujours bondé de touristes.

Q À part le métro, d'autres moyens de transport semblent aussi très pratiques.

A En effet, on peut aller à Tamsui en voiture ou en bateau, mais pour ceux qui ne conduisent pas, le métro reste le meilleur moyen pour y aller. Ouvert au public depuis 1997, la ligne a été construite sur les fondations de l'ancienne voie ferroviaire réalisée par les japonais, reliant Taipei et Tamsui depuis 1901 jusqu'en 1988.

Q On peut prendre le bateau pour aller à Tamsui ?

A Bien sûr ! Depuis 2005, les voyageurs peuvent prendre un bateau depuis le vieux quartier du Dadaocheng de Taipei pour aller à Tamsui, ils peuvent même débarquer sur le « Quai des

Pêcheurs » à l'embouchure de la rivière. Depuis 2007, on peut aussi prendre le bateau-restaurant « Reine du Grand Fleuve » imitant les anciens bateaux à roues à aubes américains.

Q Il y a beaucoup d'habitants à Tamsui, surtout des jeunes !

A Il y a officiellement 150 000 habitants à Tamsui, mais en réalité il doit y en avoir plus. Les cinq universités présentes ajoutent une forte population migrante à la ville. Parallèlement, comme Tamsui est proche de la capitale et bien reliée, et qu'en plus l'immobilier y est moins cher, beaucoup de jeunes couples s'installent à Tamsui.

Q Il doit aussi y avoir beaucoup de touristes, non ?

A Oui, en effet. Le « Couché du soleil à Tamsui » a toujours été l'un des huit paysages de Taiwan, attirant beaucoup de voyageurs depuis les anciens temps. Il reste d'ailleurs en tête parmi les dix lieux de visite les plus appréciés. Tous les ans, plus de cinq millions de touristes viennent visiter Tamsui.

Mots-clés

01. ferry: n.m.　　　　　　渡輪，聯運船，擺渡船

02. fluvial(e): adj.　　　　和河有關的

03. port: n.m.　　　　　　港口

04. maritime: adj.　　　　和海有關的

05. quai: n.m.　　　　　　碼頭

06. paysage: n.m.　　　　風景

07. passager: n.m.　　　　乘客

08. pratique: adj.　　　　方便的

09. ferroviaire: adj.　　　鐵路的

10. imiter: v.　　　　　　模仿

11. immobilier: n.m.　　　不動產

12. attirer: v.　　　　　　吸引

13. cul sec:　　　　　　　乾杯

14. inaugurer: v.　　　　　開幕，開啟

15. tableau: n.m.　　　　　畫

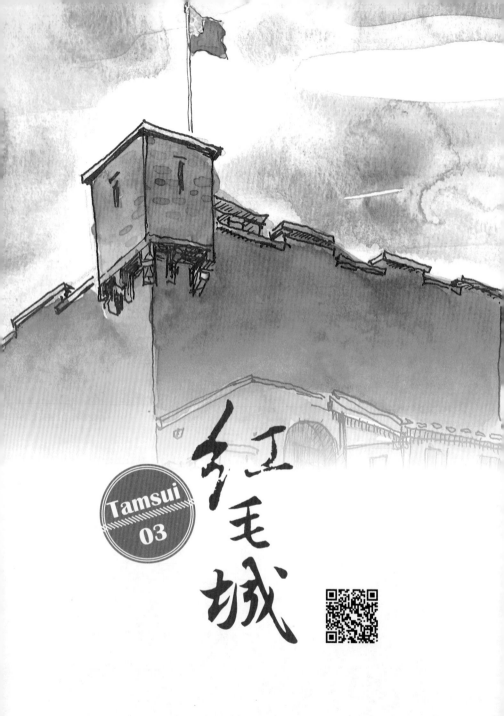

Tamsui
03

紅毛城

LE FORT DE SAN DOMINGO
(Château des « Poils Roux »)

Le Fort de San Domingo a été bâti en 1628 par les espagnols qui occupaient à cette époque le nord de Taiwan. En 1644, les hollandais ayant chassé ces derniers, ont reconstruit le fort sur le même emplacement. Le surnom de « Château des poils roux » vient de ce que les Han désignaient les hollandais par le sobriquet de « poils roux ». Koxinga a son tour défait les hollandais et entreprend brièvement de rénover le fort, de même que la dynastie Qing le fera plus tard. Le fort est loué en 1867 par les anglais qui l'utiliseront comme bureau consulaire, avant de construire derrière une construction de style victorien en 1891 pour servir de résidence consulaire. En 1972, date à laquelle les relations diplomatiques sont rompues entre les deux pays, le consulat anglais est rapatrié et les bâtiments transférés sous la tutelle des États-Unis et de l'Australie, avant d'être rendus à Taiwan en 1980. Le « Château des Poils Roux » est l'un des monuments historiques les plus anciens encore debout, il est classé « Monument de première catégorie ». En juillet 2005, l'ensemble restauré devient le « Musée des monuments historiques de Tamsui ».

Le Fort de San Domingo à Hobe

« Les vagues viennent en ligne, grondant tel le tonnerre, donnant des hallucinations aux spectateurs rêveurs. Soudain, le soleil se couche à l'horizon et les reflets scintillent sur les flots, quel spectacle ! Le panorama depuis le fort est multiple et varié avec ses arbres sur les rives, les nuages, les voiles et les oiseaux. »

Wu Zi-Guang, né à Tongluo Miaoli et candidat reçu à l'examen impérial provincial sous le règne de Tongzhi de la dynastie des Qing, était un lettré versé dans les classiques confucéens, l'histoire et la philosophie. Il était reconnu comme étant l' « homme le plus savant à Taiwan avant 1900 ». Qiu Feng-Jia autre lettré de renom fut d'ailleurs son disciple. En 1866, pendant qu'il attendait son bateau à Tamsui pour aller en Chine passer l'examen impérial, il a visité la ville et écrit le texte « Fort de San Domingo à Hobe ».

Le donjon hollandais

C'est le donjon du « Château des poils roux », anciennement construit en bois par les espagnols, il a été brulé par les Han, puis reconstruit en 1637 avec de la pierre. Peu après la fin des travaux, les espagnols décidèrent de se retirer de Taiwan et détruisirent le donjon. La garnison hollandaise entreprend sa reconstruction en mai 1644. En plus de la pierre, il font venir spécialement de l'Indonésie des briques et de la chaux de qualité, approfondissent les fondations et construisent des structures en voûte, démontrant leur volonté de construire solidement pour rester longtemps. En 1662, quand Koxinga réussit à chasser les hollandais du sud de Taiwan, la garnison hollandaise à Tamsui se retire également. En 1863, les anglais commencent à louer le Château et le transforment en un ensemble comprenant bureau consulaire, résidence et quatre cellules de prison.

La Résidence Consulaire Anglaise

La résidence consulaire anglaise est un bâtiment en brique de style colonial, qui se distingue par la présence d'un toit incliné et d'une véranda avec des corridors en arche pour atténuer la chaleur tropicale. Le plan a été réalisé par un architecte anglais mandaté par le consulat, quant aux matériaux de construction et aux ouvriers-artisans, ils viennent sans doute de Hsiamen au Fujian. L'aile occidentale de la résidence se compose d'un salon et d'un cabinet, l'aile orientale comprend la salle à manger et la cuisine, enfin, à l'arrière se trouvent les chambres des domestiques et la lingerie. Au premier étage se trouvent trois grandes chambres et des salles de stockages. La résidence est entourée d'espace vert, dont une roseraie, et la véranda est l'endroit idéal pour prendre le thé l'après-midi. La résidence consulaire anglaise à Tamsui incarne de part son architecture élégante et les matériaux de construction sophistiqués, un des derniers exemplaires du style colonial anglais en Asie de l'est.

Dialogue

Q **Est-ce que les anglais étaient aussi considérés comme des « poils roux » par les Han ?**

A Oui, ils l'étaient. À l'époque, on pensait que tous les occidentaux étaient soit brun soit roux, d'où ce surnom générique de « poils roux ». Depuis sa construction il y a près de 400 ans, le Fort de San Domingo est successivement passé entre les mains des espagnols, hollandais, Koxinga (dynastie Ming), dynastie Qing, japonais, américains et australiens. Comprendre son histoire revient donc à passer en revue l'histoire moderne de Taiwan.

Q **Combien de consulats les anglais ont-ils construit à Tawan ?**

A Il y en a eu trois au total. Le premier à Kaoshiung, le deuxième à Anping (près de Tainan), le dernier et aussi le plus grand a Tamsui, qui dispose de la meilleure vue est aussi le mieux entretenu. Cependant, les trois consulats sont construits dans un style similaire, à savoir le style victorien ou « colonial ».

Q **Les activités consulaires devaient-être nombreues, n'est-ce pas ?**

A Taiwan a connu une croissance exponentielle de son commerce extérieur, depuis que le port de Tamsui s'est ouvert au commerce international en 1860. L'activité principale était l'exportation du thé et du camphre vers la Chine.

Q **Est-ce que les anglais sont restés à Tamsui pendant la colonisation japonaise ?**

A Oui, ils sont restés. Selon le droit international, l'espace consu laire est considéré comme territoire national, c'est pourquoi les anglais sont restés. Ils ne sont partis qu'avec la Seconde Guerre Mondiale. Ils sont d'ailleurs revenus en se réclamant de leurs droits après la fin de la guerre.

Q **Pourquoi les anglais n'ont-ils rendu le Fort de San Domingo qu'en 1980 ?**

A Les anglais n'ont rendu la propriété qu'à regret. Alors même que les relations diplomatiques étaient rompues, ils ont gardé leur droit de propriété. C'est seulement après de nombreux efforts que le fort a été rendu à Taiwan, sans ces efforts, nous ne serions pas ici en train de le visiter !

Mots-clés

01. bâtir: v.   建造

02. surnom: n.m.   別名

03. rénover: v.   翻新

04. diplomatique: adj.   外交的

05. consulat: n.m.   領事館

06. successivement: adv.   陸續地

07. croissance: n.f.   成長

08. exportation: n.f.   外銷

09. droit international: n.m. 國際法

10. à regret: 不情願地

11. candidat(e): n.   考生，候選人

12. hallucination: n.f.   幻覺

13. fondation: n.f.   地基

14. résidence: n.f.   住家

15. élégant(e): adj.   優雅的

Tamsui
04

馬偕、教會、學校

LE DR. MACKAY, LES ÉGLISES ET LES ÉCOLES

George MacKay était un missionnaire venant du Canada, il a fondé l'Hôpital MacKay et est devenu l'un des étrangers les plus connus à Tamsui, avec une rue à son nom. Aujourd'hui, l'hôpital qu'il a créé est toujours opérationnel et au service de la population taïwanaise. Pendant près de 30 ans, il a dispensé les soins et les évangiles, ainsi que créé une école à Tamsui qu'il considérait comme une deuxième patrie et où il est d'ailleurs décédé et enterré. MacKay a quitté le Canada à l'âge de 27 ans. Arrivé à Tamsui en mars 1872, il décide de s'y établir et fonde l'Église Presbytérienne à Taiwan. Avec l'aide de fonds provenant des États-Unis et du Canada, il crée un hôpital qui accueillera les soldats blessés de la dynastie des Qing, pendant les affrontements franco-chinois à Hobe ; malgré l'absence de formation médicale, il a arraché plus de 20 000 dents cariées à Taiwan. Il a aussi introduit les légumes suivant sur le sol taïwanais : radis, chou, tomate, chou-fleur et carotte.

La Chapelle de l'Église Presbytérienne

La Chapelle de l'Église Presbytérienne est située au bord de la ruelle MacKay. Le bâtiment actuel a été dessiné par le fils du Dr. MacKay, George W. MacKay, dans un style néo-gothique et construit avec des briques rouges. Le clocher carré contient une toiture en bois, à l'intérieur est conservé un ancien orgue datant de 1909. La Chapelle de l'Église Presbytérienne est le principal lieu de rassemblement des Presbytères à Tamsui, pouvant accueillir jusqu'à 300 personnes. La toiture a été rénovée en 1986. Les murs extérieurs sont en briques rouges de qualité assemblées pour former des motifs réguliers et une légende prétend que le bâtiment serait une réalisation des célèbres artisans-ouvriers Hong Quan et Huang A-Shu de l'époque. Cette chapelle est un monument emblématique de la vieille ville de Tamsui, en même temps qu'un des sujets favoris pour les peintres.

Le Révérend George Leslie MacKay

Né à Ontario au Canada, George Leslie Mac-Kay (1844-1901), souvent désigné comme Dr. MacKay ou Pasteur MacKay par les taïwanais, était un médecin et un pasteur presbytérien. Les historiens occidentaux résument sa vie par le motto « Plutôt bruler que rouiller ». En 1871, il débarque à Kaohsiung. Un an plus tard, il s'installe à Tamsui pour prêcher, apprend le taïwanais et se marie avec une taïwanaise. Par la suite, il entreprend de nombreux voyages dans l'île pour évangéliser la population et fonde à cette occasion une vingtaine d'églises dans le nord et l'est du pays. Il fonde le Collège d'Oxford (Université Aletheia de nos jours) en 1882, et crée la première école pour femme à Taiwan. Son fils prend ensuite le relais et fonde le Lycée de Tamkang. Il est l'auteur des « Journaux de George Leslie MacKay », un ouvrage de plus de 700 000 mots, publié en trois volumes.

Le Lycée de Tamkang

Le Lycée de Tamkang a été fondé en 1914 par les MacKay père et fils, missionnaires canadiens de l'église Presbytérienne. Initialement connus sous les noms d'École secondaire de Tamsui et d'École pour fille de Tamsui, le Lycée de Tamkang est l'une des rares écoles centenaires à Taiwan, en tant que tel, il est le témoin de l'histoire taïwanaise et des transitions culturelles et éducatives du pays. Le campus situé sur une colline et faisant face à la mer, est célèbre par sa beauté et sa végétation luxuriante. L'architecture basée sur les plans d'établissements éducatifs occidentaux prestigieux, prestigieux en Occident, intègre des éléments traditionnels de l'architecture chinoise, créant un cadre propice à la formation d'une pensée humaniste. La Tour Octogonale, symbole spirituel de l'école, est un exemple de fusion architecturale entre la pagode chinoise et le style byzantin. Elle a été dessinée par K. W. Dowie, missionnaire canadien professeur de géométrie de l'école, et terminée en juin 1925.

Dialogue

Q J'ai remarqué qu'il y a dans le vieux quartier de Tam sui une « ruelle MacKay » qui aboutit à un rond-point avec un buste du Dr. MacKay. N'est-il pas l'un des citoyens honoraires de Tamsui ?

A En effet, résident à Tamsui, il a consacré près de 30 années de sa vie à Taiwan, dispensant soins, bonnes paroles et enseignements. Une vraie aubaine pour Taiwan !

Q En comparaison, les accomplissements et bien-faits du Dr. MacKay sont de loin plus admirables que les agissements violents et/ou intéressés des espagnols, hollandais, français, japonais et anglais.

A Le Dr MacKay a introduit la médecine moderne à Taiwan, dispensant des soins et formant les taïwanais aux techniques médicales. L'hôpital qu'il a fondé est devenu un des plus grands hôpitaux du pays, avec 4 établissements, plus de 3 000 lits et près de 7 000 employés. Une école d'infirmière et une faculté de médecine sont également opérationnelles.

Q J'ai entendu dire que le Lycée de Tamkang est un lieu à ne pas manquer, c'est aussi l'ancienne école du fameux chanteur-compositeur Jay Chou, non ?

A Effectivement, le Lycée de Tamkang est le premier établissement scolaire occidental à Taiwan, les bâtiments sont magnifiques et le campus très jolis, formant un contraste intéressant avec les quartiers chinois. Il a également été fondé par le Dr. MacKay puis géré par son fils. Le lycée est caractérisé par l'esprit d'ouverture académique et de nombreux anciens de l'école sont des personnalités reconnues dans le monde des affaires ou de la culture. Ainsi, Lee Teng-Hui, ancien président de Taiwan est lui aussi diplômé du Lycée de Tamkang.

Q On dit que l'établissement de l'Université de Tamkang est aussi lié au Lycée de Tamkang, est-ce vrai ?

A Oui, c'est vrai. Le fondateur de l'université, Chang Jing-Sheng avait fait des études au Japon. Après son retour à Taiwan, il est d'abord devenu le principal du Lycée de Tamkang. Par la suite, ayant conçu le projet de fonder une université, il réunit pro-gressivement les fonds nécessaires pour acheter les terrains, avant de fonder en 1950 l'Université de Tamkang. D'ail-leurs, l'université a été fondé au départ à l'intérieur même des locaux du Lycée de Tamkang !

Q Jay Chou y a tourné un film, n'est-ce pas ?

A Oui, il y a tourné son film « Le Secret ». En réalité, Tamsui a toujours été une ville favorisée par le choix de nombreux cinéastes, depuis « La canonnière du Yang-Tse » (1966), jusqu'aux films plus récents comme « Dernier train pour Tamsui » (1986), « Orz Boyz » (2008), ou encore la série télévi-sée « Histoires de Taipei » (2009), etc.

Mots-clés

01. fonder: v.   創立

02. soin: n.m   照護

03. accueillir: v.   接待

04. affrontement: n.m.   衝突

05. arracher: v.   拔

06. rond-point: n.m.   圓環

07. accomplissement: n.m.   成就

08. effectivement: adv.   確實地

09. bâtiment: n.m.   建築物

10. série télévisée: n.f.   電視影集

11. emblématique: adj.   具代表性的

12. rouiller: v.   生鏽

13. rare: adj.   少有，稀有的

14. célèbre: adj.   有名的

15. humaniste: adj.   人文的

Tamsui
05

觀音山

LE MONT GUAN YIN

Le Mont Guan Yin d'une altitude de 616 m est situé sur la rive gauche à l'embouchure de la rivière de Tamsui. Son sommet est appelé « Ying Han Ling » (littéralement Sommet des Durs à cuire), et de nombreux temples parsemés sur les côtes dont quelques uns dédiés à la déesse de la miséricorde Guan Yin, ajoutent à la spiritualité des lieux. Entre le Détroit de Formose à l'ouest et la rivière de Tamsui à l'est, la vue du « Mont Guan Yin embrumé » était l'un des huit paysages de Tamsui, le mont est aujourd'hui un lieu de randonnée très prisé. Les hollandais lui donnaient le nom de « Mont Tamsui » (Tamszijse berch), alors que les Han avaient pour habitude de le nommer «Mont Paligon », d'après le nom de la tribu aborigène vivant aux alentours. Deux hypothèses existent quant à l'origine du changement de nom en « Mont guan Yin » : la première prétend que le nom viendrait de la construction d'un temple de Guan Yin, sur l'initiative d'un candidat aux examens impériaux, Hu Zhuo-You ; la seconde avance la similitude entre le contour du mont et le profil de la déesse regardant le ciel comme explication.

La Légende de Guan Yin

Bouddha Guan Shi Yin (Sanskrit: अवलोकितिश्वर ， Avalokiteśvara), aussi traduit par Bouddha Guan Zi Zai, est plus brièvement nommée « Bouddha Guan Yin ». C'est une divinité très populaire en Asie du sud-est, et aussi la première des « cinq divinités » à vénérer au sein des foyers en Chine. À Taiwan, Guan-Yin est souvent représentée aux côtés des ancêtres et vénérée matin et soir. Dans les textes Bouddhistes, il est dit que Guan Yin est la déesse de la miséricorde, ainsi toute créature en détresse peut faire appel à elle pour s'éloigner du danger et retrouver la joie. Ainsi, c'est la divinité la plus connue dans le Bouddhisme, comme le montre l'expression « Amitabha à chaque maison, Guan Yin dans chaque foyer ».

Le Temple de Fu You

Le Temple de Fu You est le plus ancien temple de Tamsui, il a été construit aux alentours de 1732 et rénové en 1796. Le temple est dédié à Matsou, divinité protégeant les immigrants venus en bateau et le commerce maritime, également au centre des croyances des habitants de Tamsui. Les rues bordant le temple forme le vieux centre de la ville de Tamsui. Devant le temple se trouvent les quais même où débarquaient les immigrants, c'est aussi à partir de là que s'est développée la ville. Pendant la guerre franco-chinoise (1884-1885), il est dit que la protection divine du temple fut essentielle pour empêcher la marine française d'envahir l'île. C'est pourquoi, l'empereur Guangxu décerna au temple un panneau honorifique avec les mots « Protection divine » calligraphiés. Le Temple de Fu You est classé monument historique de troisième classe, avec ses anciens panneaux, ses colonnes de pierre et ses stèles d'époque. Parmi ces stèles, il y en a une gravée en 1796 et qui a pour titre « Chronique de

la tour Wang Gao », elle enregistre les étapes de la construction du phare de Tamsui.

Musée Archéologique de Shisanhang

Le Musée de Shisanhang est situé sur la rive gauche près de l'embouchure de la rivière de Tamsui, c'est un musée sur l'archéologie, en même temps qu'un monument historique de seconde classe. En 1957, le site archéologique reçoit le nom de « site archéologique de Shisanhang » après les investigations menées par le géologue, Lin Chao-Qi, les fouilles archéologiques réalisées par la suite découvrent de nombreux artefacts représentatifs et tombes anciennes, d'une civilisation s'étendant entre 500 à 1800 ans auparavant pendant l'âge de Fer. Ethniquement cette civilisation est sans doute liée aux Ketagalans des Pingpu. Les artefacts déterrés comprennent des poteries, des objets métalliques, des fourneaux, des objets funéraires et des objets provenant du commerce avec d'autres clans étrangers. La construction du musée débute en 1989 et se termine en avril 2003, date de l'inauguration. Les environs du musée comprennent un ensemble de sites archéologiques, de réserves naturelles, de paysages riverains, etc., formant le « Parc culturel et écologique de la rive gauche de Pali ».

Dialogue

Q Pourquoi cet endroit s'appelle-t-il « Shisanhang » ?

A Shisanhang veut littéralement dire les treize compagnies de commerce, une référence aux treize compagnies de commerce qui ont établi un comptoir sur les lieux à la fin de la dynastie des Qing.

Q Les anciens habitants de la région étaient des marins, non ?

A En effet, tous les aborigènes de Taiwan sont les descendants de grands marins ! Les 16 tribus aborigènes sont arrivées à des périodes différentes par la mer, en utilisant les courants maritimes à partir d'îles ou de continents sur leur canoë-radeau (Banka), bravant les risques et traversant les océans. Les aborigènes vivant près du Mont Guan Yin sont arrivés entre 1 500 et 2 000 ans auparavant, ce sont les ancêtres de la tribu des Ketagalans, une des branches des aborigènes Pingpu.

Q Y a-t-il une liaison maritime avec la Chine ?

A Oui, depuis octobre 2013, une ligne maritime relie le port de Taipei (Pali) à Fuzhou (Pingtan). 3 heures suffisent alors que par le passé, le trajet par voilier prenait plusieurs jours !

Q La divinité Guan Yin est-elle un homme ou une femme ?

A Dans le Bouddhisme, les divinités sont de genre neutre. Ainsi, pendant la dynastie Tang (an 618 à 907) Guan Yin est représenté en homme. Cependant, cette représentation évolue peu à peu en une figure féminine, sans doute parce que Guan Yin apparait souvent sous une apparence féminine pour aider les faibles, ou encore parce que la miséricorde est associée à l'amour maternelle.

Q Qui est Matsou (Déesse protectrice des marins) ?

A La légende raconte que Lin Mo-Niang, jeune fille née dans une famille de pêcheurs du Fujian pendant la dynastie Song (an 960-1279) s'était sacrifiée pour sauver son père et ses frères de la noyade. Elle devint ainsi la déesse protectrice des marins. Ses croyants qui sont au nombre de 200 millions sont répandus dans les provinces côtières du sud de la Chine et dans l'Asie du sud-est. Rien qu'à Taiwan, il y a 900 temples dédiées à la déesse Matsou.

Mots-clés

01. altitude: n.m.   海拔、高度
02. sommet: n.m.   山頂
03. randonnée: n.m.   健行
04. alentours: n.   附近
05. calligraphie: n.f.   書法
06. courant maritime: n.m.   洋流
07. trajet: n.m.   旅途，旅程
08. apparence: n.f.   外表，外形
09. sacrifier: v.   犧牲
10. sauver: v.   救援
11. brièvement: adv.   簡短地，短暫地
12. s'éloigner: v.   遠離
13. investigation: n.f.   調查
14. archéologie: n.f.   考古學
15. phare: n.m.   燈塔

淡水河岸

Tamsui
06

LES RIVES
DE LA RIVIÈRE DE TAMSUI

La rive longue de 1, 5 km qui va des anciennes rues de Tamsui jusqu'au petit port de pêche, a été nommée « Rive dorée » par les autorités locales du fait de son aspect pendant les couchés du soleil, lorsque tout brille et scintille, éclairé par les derniers rayons solaires. Le long de la rivière, il y a une promenade ombrée, une aire de loisir aquatique, une scène sur les flots, des cafés en plein air, des magasins et le square artistique des flots. Les 8 banians centenaires forment un espace ombragé où se réunissent les passants pour se rafraichir, pêcher ou regarder le couché du soleil. La rive bénéficie également des dons de sculptures faits par les commerçants du quartier, comme « Le Poisson » de Yu Lian-Chun, « Le Bateau et la Lune » de Uehara Kazuaki et « Soleil matinal » de Lai Zhe-Xiang, qui embellissent artistiquement le rivage. L'ensemble composé des divers magasins et paysages font des rives de Tamsui une excellente promenade.

Le Réveil de la Musique Folklorique

La musique folklorique définie comme ensemble des chansons populaires composées
et interprétées par des compatriotes a eu
un impact profond à Taiwan. Depuis ses
débuts dans les campus universitaires, ce
genre musical reflète la conscience sociale
et les aspirations profondes des jeunes générations. Depuis la fin des années 1970,
elle accompagne le réveil de l'identité
taïwanaise et l'énergie créatrice qui en dé-
coule. La tête pensante de ce mouvement à la fois musical et sociétal
est un ancien de l'Université de Tamkang, Li Shuang-Ze (1949-1977).
En 1976, lors d'un concert au sein du campus de Tamkang, il entre
sur scène avec une bouteille de Coca à la main et interpelle le public
: « Que ce soit en Occident ou à Taiwan, on boit du Coca et on chante
en anglais, où sont nos propres chansons ? » Dans un silence médusé,
il prend une guitare, chante la chanson « Bo Poua Bang » (Recoudre
le filet de pêche) écrite par Li Lin-Qiu (1909-1979), et obtient un
triomphe !

Tamsui dans la Peinture et la Photographie

Si Tamsui n'est pas grand, en revanche la ville jouit de la proximité
avec la mer, la montagne et la rivière, offrant des paysages impres-
sionnants. Ancien grand port du nord de Taiwan, Tamsui est aussi
riche en histoire et en art. De plus, l'ouverture sur le monde lui a ap-
porté une diversité culturelle à travers les échanges entre l'Occident
et l'Orient, attrait supplémentaire pour les poètes et photographes
inspirés. Lieu de pèlerinage pour les peintres professionnels depuis
l'époque japonaise, Tamsui attire également les photographes. Ressemblant aux petites villes européennes et possédant une église amé-

ricaine, les sujets originaux ne manquent pas, d'autant plus que les paysages naturels de Tamsui sont aussi ravissants. Ainsi, la majorité des vieux peintres taïwanais sont passés ici, leurs oeuvres témoignent des paysages originaux de Tamsui.

Les Rêveries de Ye Jun-Lin......

En 1957, Ye Jun-Lin, un scénariste arrive à Tamsui avec une équipe de tournage. À l'heure du couché de soleil, il se promène seul le long du rivage. Il regarde les habitants qui s'empressent sur les quais pour accueillir les bateaux de pêche, tandis que le soleil disparait progressivement à l'horizon. Soudain, il entend un chant qui lui parvient faiblement. Intrigué, il suit le son du chant et découvre sur un balcon pas loin une jeune fille qui se tient derrière une porte, regardant le spectacle d'une famille joyeuse sur les quais avec sur le visage une expression indéfinissable qui lui fait écrire cette chanson populaire.

Couché du Soleil à Tamsui

Paroles / Ye Jun-Lin   Musique / Hong Yi-Feng 1957

Le soleil se couche à l'horizon, et la surface des flots se colore des reflets. Hommes et femmes, vieillards ou enfants attendent le retour des bateaux de pêche.

Portes et fenêtres sont à moitié fermées sur le balcon, mais une musique s'échappe de l'ouverture pour me conter sa peine. Oh, qui peut comprendre ma tristesse ?

Les rayons de lune traversent la brume et éclairent la montagne Shamao. Les flots changeants reflètent la lune, un vent froid souffle depuis la mer.

L'oiseau solitaire à la recherche de son compagnons perdu, se pose sur les quais. Son chant est bouleversant d'émotion.

Le couché du soleil à Tamsui est poétique, quand la brume tombe sur la nuit, le son des cloches de l'église résonne dans les coeurs vides, et se propage jusqu'à la mer.

Rares et faibles sont les lumières provenant de Puding, elles scintillent comme des étoiles. Oh, la beauté du paysage inspire la mélancolie.

Dialogue

Q **Tant de touristes ici ! Ils sont tous venus en métro ?**

A Oui, contrairement à ce qui s'est passé en 1997 lors de l'inauguration de la ligne de Tamsui, de nos jours, les wagons sont bondés, sans parler des week-ends où les passagers sont pressés comme des sardines.

Q **Combien de touristes Tamsui peut accueillir ?**

A Pendant le Nouvel An chinois en 2014, du fait du beau temps et de la température clémente, on a battu le record du nombre de visiteurs journaliers avec plus de 100 000 visiteurs en une seule journée ! Vue d'en haut, les rives et les vieilles rues étaient complètement bouchées par une marée humaine.

Q **Comment peut-on se reposer ou faire du tourisme dans ces conditions ?**

A Effectivement, c'est plutôt un bain de foule ! Cependant, Tamsui est en fait très calme et tranquille pendant la semaine ou à l'aube.

Q Beaucoup de chansons ont été écrites à Tamsui, et beaucoup de chansons parlent de Tamsui. Y a-t-il des conservatoires de musique à Tamsui ?

A Seule l'Université Nationale des Arts de Taipei à Guandu possède un département de musique. Mais qu'importe ? Tamsui continue d'inspirer des émotions et des chansons authentiques. La chanson « Vagabons à Tamsui » de Chen Ming-Zhang en est un exemple particulièrement réussi.

Q Comment étaient les rives de Tamsui avant, comparées à maintenant ?

A D'après mes souvenirs, il n'y avait qu'un petit port de pêche nauséabond avant et pas beaucoup de touristes. Maintenant, les rives gauche et droite de la rivière de Tamsui ont été réaménagées en espace touristique et de loisir, c'est à la fois très moderne et commercial !

Mots-clés

01. rive: n.f.   河岸

02. autorités locales: n.   地方政府

03. briller: v.   發亮

04. bénéficier: v.   獲得

05. embellir: v.   美化

06. contrairement à: 相對於

07. battre le record: 打破紀錄

08. posséder: v.   擁有

09. particulièrement: adj.   特別地

10. réaménager: v.   重新規劃

11. se promener: v.   散步

12. soudain: 突然地

13. s'échapper: v.   逃離，逃出

14. mélancolie: n.f.   憂鬱

15. impact: n.m.   影響

淡水老街

Tamsui 07

LES VIEILLES RUES DE TAMSUI

Tamsui était à l'origine le premier port du nord de Taiwan, cependant, du fait de l'ouverture du port de Keelung et de l'envasement (accumulation de sédiments réduisant la profondeur du port), il a progressivement perdu sa place de port commercial international, redevenant même un petit port de pêche avant d'être transformée en port touristique et ville de loisir. S'il y a beaucoup d'immeubles modernes, on peut malgré tout trouver aux alentours de la rue Zhongzheng d'anciens magasins en brique, témoins de l'histoire locale. En se promenant dans les anciennes ruelles du vieux centre et parmi les nombreux temples traditionnels, on a l'impression de revivre ce que nos ancêtres ont vécu. Le vieux centre situé entre les rues Zhongzheng, Chongjian et Qingshui, est toujours rempli de monde les jours fériés, car situé juste à côté de la station de métro, il offre aux visiteurs une concentration de magasins et restaurants. Dernièrement, l'arrivées d'antiquaires et de magasins folklores ajoutent une touche culturelle et nostalgique à cet espace.

La rue Chongjian

La rue de Chongjian qui arpente la colline est une des premières rues de Tamsui. Artère commerciale dès son origine, c'est aussi un lieu à découvrir pour les visiteurs gourmets. Longue de 500 à 600 m, elle reliait directement les villages montagneux au port de Tamsui. Elle atteint le sommet de sa gloire dans la deuxième moitié du 19ème siècle, période pendant laquelle de nombreuses personnalités politiques, financières ou académiques y habitaient. Cette rue est caractérisée par ses nombreuses pentes et quelques vieilles maisons rectangulaires encore préservées.

Plein de Louanges pour la Rue Chongjian !

(China Times / 12.02.2013 / reportage de Xie Xing-En) La rue de Chongjian qui a plus de 230 ans, dispose de 4 monuments historiques. Cependant, les autorités citant des raisons de sécurité, insistent pour engager la seconde phase des travaux d'élargissement, ce qui a amené des travailleurs culturels à lancer sur Internet le mouvement « Plein de louanges pour la rue Chongjian ». Le 1er de ce mois, une centaine de manifestants se sont mobilisés pour que la rue soit préservée tel quel. La rue historique est en effet pavée de pierre sur une longueur totale de 380 m, serpentant sur la colline, elle est flanquée de nombreuses maisons anciennes, dont certains murs ont été marqué par des impacts de balles pendant la guerre franco-chinoise, d'après ce que disent certains habitants.

Le Pavillon Blanc

Le « Pavillon Blanc » était situé à l'origine sur une côte près de la rue Sanmin ; construit en 1875, son nom provient de la couleur de ses murs extérieurs. Il est dit que sa construction a été financée par un riche marchand de Panchiao, Lin Ben-Yuan, et réalisée par un disciple du Dr. Mackay, Yan Qin-Hua. Une fois construit, il fut loué à une compagnie de commerce juive avant de servir d'entrepôt. Le pavillon fut touché par un incendie en 1992 et démantelé. Aujourd'hui, on ne peut plus apercevoir sa silhouette, à part dans les tableaux des anciens maîtres qui l'utilisaient souvent comme sujet. En 2009, la Fondation Culturelle de Tamsui a commissionné le peintre Xiao Jin-Xing pour une peinture murale représentant le Pavillon Blanc et ses alentours, près de l'ancien emplacement du pavillon. Maintenant, cette oeuvre d'art publique qui a été réalisée après plusieurs mois présente une vue impressionnante de Tamsui.

Le Pavillon Rouge

Le « Pavillon Rouge » construit en 1899 pour servir de résidence à l'armateur Li Yi-Han, jouissait d'une célébrité équivalente à celle du Pavillon Blanc. En 1913, deux bateaux-cargos de Li coulent, les pertes occasionnées l'obligent à vendre le pavillon à Hong Yi-Nan, conseiller à la mairie de Taipei. Celui-ci renomme le pavillon du nom de « Da Guan » qui veut dire « vision de sagesse ». Le Pavillon Rouge est de style occidental, ressemblant assez à la résidence consulaire britannique. Le jardin devant le bâtiment est large, avec plusieurs passages et escaliers, et les habitants jouissaient d'une vue imprenable. En 1963, la propriété est vendue au fameux commerçant Hong Bing-Jian, patron du magasin Boulette de Poisson De Yu. En 1999, le Pavillon Rouge est rénové avec l'aide de nombreux conseillers architectes, historiens et artistes. Il réouvre ses portes en janvier 2000 sous la forme d'un restaurant et d'une galerie d'art.

Dialogue

Q Les revendications de ces travailleurs culturels sont intéressantes. Comment se sont-ils réunis ?

A Dans chaque ville, il y a des ateliers de bénévoles sur l'histoire et la littérature, ils organisent régulièrement des discussions et des manifestations. Je pense qu'ils se contactent par Internet.

Q On dit que la densité d'utilisateurs de Facebook à Taiwan est l'une des plus élevée au monde, c'est vrai ?

A C'est vrai, il y a de plus en plus d'utilisateurs. Avant, c'était bruyant dans les rams de métro, maintenant, c'est calme même dans un wagon bondé : tout le monde surfe sur son smartphone !

Q Les marches de la rue Chonjian sont différentes, particulières. Ce sont de petites marches faciles à grimper.

A Et oui ! Ces marches ont 100 ou 200 ans d'histoire, ils ont supporté le poids d'innombrables personnes. On ne peut qu'imaginer la foule à l'époque. C'est pour faciliter le travail des porteurs de marchandises que ces marches sont petites, comme ça même les personnes âgées peuvent les grimper.

Q Le slogan « Plein de louanges pour la rue de Chongji-an » est un bon jeu de mot.

A Plein de louanges en chinois se prononce comme Debout avec ce qui fait que le slogan veut plus ou moins dire « Soutien complet à la rue de Chongjiang. »

Q Le « Pavillon Rouge » a été rénové avec soin et attention aux détails, on peut voir à quel point le bâtiment était grandiose et luxueux.

A La vue magnifique depuis le Pavillon rouge en fait le parfait endroit pour regarder le couché du soleil et le paysage nocturne. Je t'invite prendre un café !

Mots-clés

01. immeuble: n.m.   公寓，大樓
02. brique: n.f.   磚塊
03. impression: n.f.   印象，感覺
04. centre: n. m.   中心，市中心
05. concentration: n.f.   集中點，聚集
06. revendication: n.f.   訴求
07. bénévole: n.   志工，義工
08. densité: n.f.   密度
09. utilisateur/trice: n.   使用者
10. faciliter: v.   協助
11. découvrir: v.   發現
12. caractérisé(e) par …:   有 ... 特質
13. engager: v.   投入，聘雇
14. à l'origine: 原本
15. vue imprenable: n.f.   絕佳視野

Tamsui
08

殼牌倉庫

L'ENTREPÔT SHELL

L'entrepôt Shell aussi appelé entrepôt de la Compagnie de Commerce Britannique Cass, est situé à Bi Zai Tou près de la station de métro de Tamsui, avec une surface d'environs 3 000 pings. L'entrepôt a d'abord été loué par la Compagnie de Commerce Britannique Cass, pour servir de base à l'exportation des feuilles de thé. En 1897, Shell achète le bâtiment, construit 4 réservoirs de kérosène en brique et relie l'entrepôt au chemin de fer, ceci pour vendre le kérosène. Comme ce produit dégage une odeur désagréable, les habitants avaient pris pour habitude d'appeler l'endroit « Réservoir de pétrole puant ». En octobre 1944, un incendie se déclare suite à un bombardement par l'aviation américaine, il faudra finalement trois jours complets pour éteindre le feu dans les réservoirs atteints. Le site est désigné monument historique en 2000, et Shell en fera un don à la Fondation Culturelle de Tamsui. Depuis 2001, c'est là que se tiennent les classes de l'université communautaire de Tamsui. En 2011 enfin, l'entrepôt Shell devient « Parc Culturel de Tamsui ».

L'Université Communautaire de Tamsui

L'université communautaire de Tamsui a ouvert ses portes en août 2001. Elle propose un programme d'enseignement riche et varié, certains cours sont uniques et introuvables, même dans les grandes universités publiques. En plus, les frais de scolarité sont peu élevés, le but étant de favoriser le partage de la connaissance. Il est inscrit dans ses objectifs que l'université se doit de « promouvoir l'apprentissage tout au long de la vie, contribuer au développement de la communauté et de sa culture, afin de faire progresser la société citoyenne. », tout cela dans un esprit de réforme de l'enseignement. La spécificité de l'Université Communautaire de Tamsui réside dans l'utilisation des monuments historiques et l'intégration de la culture locale, avec des cours pour mieux connaître Tamsui. C'est une école fière d'elle-même et de son campus historique !

Le Parc Culturel de Tamsui

Le Parc Culturel de Tamsui, à savoir l'entrepôt Shell et les espaces verts et milieux humides aux alentours, a été rénové puis ouvert au public en 2011. Il a une superficie de 1, 8 hectares, et inclut 8 bâtiments anciens, ainsi que les ruines d'une ancienne ligne de chemin de fer créée pour le transport des produits pétroliers. Parmi les 8 bâtiments en brique restaurés, il y a six entrepôts pour produits pétroliers, une chambre de pompage, une salle pour les chaudières. L'entrepôt est passé entre les mains de plusieurs propriétaires, a enduré des dommages de guerre, pourtant, le voilà

prêt à accueillir le grand public. En effet, l'université communautaire de Tamsui y est basée, et il y a aussi un hall d'exposition, une scène de spectacle, une galerie d'art et une aire écologique.

Le Temple de Yinshan / Le Hall d'Assemblée des Hakkas

Le Temple de Yinshan bâti en 1822 est un monument historique de deuxième classe, il est dédié au culte du Bouddha Dingguang, une divinité spécifique aux Hakkas du sud de la Chine. Le temple actuel a plus ou moins conservé l'apparence qu'il avait sous le règne de l'empereur Daoguang, avec ses statuettes en argile sur le faîte du toit bien préservées. C'est le seul hall d'assemblée de la dynastie Qing qui reste à Taiwan. Un hall d'assemblée servait de lieu de rencontre entre immigrants venant de la même région, dans le but de s'entraider. Il faut dire que sous le règne de l'empereur Daoguang, de plus en plus de Hakkas venant de Tingzhou ont immigré dans le nord de Taiwan. Craignant d'être malmenés par les immigrés venus de Zhangzhou ou de Quanzhou, ils se sont regroupés entre eux pour former des villages, cotisant même pour faire construire des halls d'assemblée, qui pouvaient également servir de refuges provisoires pour les nouveaux arrivants.

Dialogue

Q **C'est plutôt une bonne idée de combiner ensemble monument historique et écologie.**

A Oui, en effet. Mais la gestion est aussi cruciale, c'est pourquoi le gouvernement a approuvé la création du « Parc écologique et sites historiques de Bi Zai Tou » qui comprend 5 sites histo-riques en tout : le Temple de Yinshan, les Tombes des soldats du Hunan, l'entrepôt Shell, l'Aéroport pour hydravion, l'Observa-toire météologique de Tamsui et leurs environnements naturels immédiats, pour une gestion en commun.

Q **Les taïwanais sont soucieux de l'écologie et des loi-sirs, non ?**

A Ils sont devenus de plus en plus respectueux de l'environne-ment et exigeants quant aux loisirs ces dix dernières années. En témoignent les travaux de la Direction pour la protection de l'environnement et la création d'un ministère de la Culture. Loi-sirs et écologie sont des sujets qui leur tiennent à coeur.

Q **On dirait que Tamsui est bien à la pointe du progrès.**

A Tamsui a toujours été très internationale ! De nos jours, Taiwan est non seulement démocratique, mais aussi très ouvert d'esprit par rapport aux innovations. Cependant, oublier l'Histoire serait une erreur, il faut donc s'employer à la préserver !

Q **Est-il vrai qu'il y a beaucoup de personnes âgées étudiant à l'université communautaire ?**

A Oui, c'est vrai. D'une part, il y a les fonctionnaires qui sont à la retraite plus tôt, généralement en bonne santé et sans inquiétude quant à leur futur. D'autre part, l'espérance de vie s'est allongée à Taiwan, ce qui fait que les besoins des personnes âgées sont de mieux en mieux identifiés. Et puis, ne dit-on pas qu'il faut « Vieillir en apprenant » ?

Q **Je vois. Tamsui est non seulement un lieu idéal pour les jeunes, mais en plus, elle peut potentiellement devenir la ville préférée des personnes âgées.**

A Franchement, je pense que la ville reste un peu trop bruyante, le trafic routier est aussi particulièrement saturé. Cependant, on n'a pas encore trouvé de solution permettant d'améliorer le trafic, sans sacrifier l'environnement.

Mots-clés

01. entrepôt: n.m.   倉庫

02. surface: n.f.   面積

03. louer: v.   租賃

04. désagréable: adj.   令人不舒服，不悅的

05. incendie: n.m.   火災

06. écologie: n.f.   環保

07. gestion: n.f.   管理

08. approuver: v.   認可，通過

09. soucieux/se: adj.   關心的

10. démocratique: adj.   民主的

11. franchement: 說實在，說真的

12. inclure: v.   包括，包含

13. propriétaire: n.   所有人，房東

14. provisoire: adj.   臨時的，暫時的

15. partager: v.   分享

滬尾砲台

Tamsui
09

LE FORT DE HOBE

Le Fort de Hobe construit en 1886 est situé au nord de Tamsui. C'est Liu Ming-Chuan, premier inspecteur-général envoyé par la dynastie Qing à Taiwan, qui a décidé de sa construction pour la défense du port de Tamsui. Malgré son abandon pendant de nombreuse années, le fort est resté en bon état. Sur le dessus de la porte, on voit ainsi l'inscription « Clé du nord » d'après une calligraphie de Liu. Les espagnols avaient déjà construit une batterie à l'emplacement actuel, qui a été réutilisée par les hollandais puis détruite lors de leur départ de l'île. La dynastie Qing y a créé une garnison en 1808, avant de reconstruire le fort. Après la guerre franco-chinoise, Liu Ming-Chuan reçu pour mission de renforcer la défense côtière. Sous l'administration japonaise, les anciens canons ont été enlevés pour faire de l'endroit un champs d'exercice d'artillerie. Le gouvernement Kuomintang a redonné un rôle défensif au Fort de Hobe, et y a maintenu une garnison. Depuis 1985, le site a été désigné monument historique de deuxième classe, rénové puis ouvert au public.

Youchekou

Youchekou est l'emplacement d'anciens combats intervenus lors de la bataille de Hobe. On dit qu'il y a 300 ans, le lieu a été colonisé pour la première fois par des immigrés venus de Quanzhou. Au milieu du 18ème siècle, un certain Guo venant également de Quanzhou y ouvre une raffinerie d'huile d'où son nom Youchekou (littéralement carrefour du moulin à huile). Les quais de Youchekou sont devenus aujourd'hui un lieu très prisé pour prendre des photos de mariage. On peut y voir le Mont Guan Yin, la rivière de Tamsui, les bateaux de pêches et le couché du soleil. Le Temple Zhongyi dédié à Su Fu Wang Ye, est le plus grand du genre dans la région de Tamsui. Chaque année, lors des festivités du 9 septembre, on y brule rituellement un bateau en carton. Il y a près de 30 ans, un petit restaurant a ouvert ses portes dans une vieille maison noire à côté du temple. Reconnu par les gourmets pour ses escalopes de porc et le prix raisonnable, ils l'ont surnommé le « Magasin Noir ». Le restaurant a aujourd'hui déménagé pas très loin, mais aux heures de repas, il y a toujours autant de monde.

La Guerre Franco-Chinoise / La Bataille de Hobe

En août 1884, durant la guerre franco-chinoise, la marine française envoie quelques navires attaquer Tamsui, dans le but de contrôler le nord de Taiwan, éclate alors la Bataille de Hobe. L'inspecteur-général d'alors, Liu Ming-Chuan, découvrant la valeur stratégique de Tamsui qui peut potentiellement devenir une voie d'invasion fluviale jusqu'à la ville de Taipei, décide d'abandonner la défense de Keelung pour renforcer ses forces autours de Tamsui. Alors que les batteries cô-tières de Shalun, Zhonglun, et Youchekou avaient déjà été détruites par l'artillerie navale française, Liu ordonna à Sun Kai-Hua de tenir Tamsui en bloquant le port par des mines marines et en construisant des batteries côtières. Le 8 octobre, Sun Kai-Hua à la tête de l'armée régulière et de milices volontaires repousse un débarquement français à Tamsui, c'est l'une des rares victoires de la dynastie Qing contre les occidentaux. La marine française abandonne après six mois de blocus la côte nord taïwanaise.

La Clé du Nord de Taiwan

Cette expression imagée montre l'importance de la position du Fort de Hobe. Après la bataille de Hobe, la dynastie Qing commence à renforcer la position en 1885. Liu Ming-Chuan recrute l'ingénieur al-lemand Max E. Hecht (1853-1892) pour superviser la construction du fort et achète 31 canons anglais, les travaux sont terminés en 1889. En réalité, le Fort de Hobe n'a pas connu de combat, c'est pourquoi il est resté en bon état jusqu'à nos jours. L'inscription « Clé du nord de Taiwan » se trouve sur la porte sud-est du fort et a été écrite par Liu en personne. Ce fort est d'ailleurs le seul qui reste de ceux construit par Liu, d'où sa valeur historique particulière. Hecht a reçu en guise de reconnaissance de la part du gouvernement Qing argents et hon-neurs. Il meurt à l'âge de 39 ans et est enterré dans le cimetière des étrangers de Tamsui.

Dialogue

Q L'endroit que nous occupons commande les hauteurs, c'est effectivement une bonne position défensive.

A Nous sommes ici sur le Mont Wujiu, c'est le premier mont de la Colline des Cinq Tigres. De l'autre côté se trouve le parcours de Golf de Tamsui, l'un des premiers à Taiwan, il a été construit par les japonais en 1919. Auparavant, c'était un champs d'exercise pour la garnison des Qing.

Q J'ai entendu dire qu'un certain nombre d'habitants de Tamsui avaient des connections avec le Hunan, pourquoi ?

A En fait, la majorité des troupes de l'armée régulière envoyées par la dynastie Qing venaient du Hunan. D'ailleurs, le général Sun Kai-Hua chargé de la défense de Tamsui pendant la guerre franco-chinoise en 1884 venait lui aussi du Hunan. Il y a aussi une tombe pour les soldats du Hunan dans le cimetière à Ganzhenlin.

Q **Les taïwanais aiment beaucoup les photos de mariage, n'est-ce pas ? Il parait qu'ils ont même exporté leur savoir-faire en Chine ?**

A La photographie de mariage est un bon business ! Il y a ainsi une « rue des studios de photos de mariage » à Taipei. La majorité des studios en Chine ont d'ailleurs été ouvert par des taïwanais.

Q **Est-il toujours nécessaire d'aller trouver les plus beaux paysages pour faire les photos de mariage ?**

A C'est ce qu'on appelle des prises de vue « en extérieur ». Bien sûr, on choisit les paysages les plus jolis possibles. Pour ceux qui en ont les moyens, il est même possible d'aller prendre ces photos à l'étranger et d'en profiter pour passer une lune de miel ! Souvent, les photographes sont des experts pour trouver les derniers paysages en vogue.

Q **Est-ce que les photos de mariage peuvent contribuer à éviter les divorces ?**

A Le taux de divorce était très faible par le passé à Taiwan, mais il a récemment augmenté. Je pense que, peut-être, feuilleter l'album des photos de mariage, peut faire réfléchir à deux fois un couple qui se dispute.

Mots-clés

01. abandon: n.m.   廢棄，拋棄

02. en bon état: 狀況良好

03. emplacement: n.m.   位置，所在地

04. détruit(e): adj.   毀壞的

05. renforcer: v.   加強

06. hauteur: n.f.   高點，高度

07. majorité: n.f.   多數

08. photographie: n.f.   攝影

09. avoir les moyens: 有能力

10. lune de miel: n.f.   蜜月

11. stratégique: adj.   策略性的，戰略性的

12. bloquer: v.   封鎖，堵塞

13. importance: n.f.   重要性

14. superviser: v.   監督

15. reconnaissance: n.f.   謝意

漁人碼頭

LES QUAIS DES PÊCHEURS

Les Quais des Pêcheurs de Tamsui est sur la rive droite à l'embouchure de la rivière de Tamsui. L'emplacement actuel correspond au port de pêche numéro 2 inauguré en 1987, près de la plage de Shalun, c'est le dernier espace touristique développé aux environs de Tamsui. Les quais ont été terminés en mars 2001 puis ouvert au grand public qui apprécie la vue du couché de soleil et les fruits de mer fraichement pêchés. Si les quais comptent de nombreuses attractions touristiques, elles n'ont pas complètement perdu leur fonction de port de pêche. Les quais flottants peuvent accueillir jusqu'à 150 bateaux de pêche ou yachts. La plateforme fluviale scénique peut accueillir 3 000 spectateurs. Quant au pont suspendu entièrement blanc, il a été inauguré le 14 février 2003, jour de la St. Valentin, c'est pourquoi ce pont a pour surnom « Pont des Amoureux ». Il est long de 164,9 m, et on peut y admirer le fameux couché du soleil de Tamsui. On peut aller aux Quais des Pêcheurs en voiture ou en bateau, il y a aussi un hôtel 5 étoiles pour ceux qui souhaitent y passer la nuit.

Le Pont des Amoureux

Le Pont des Amoureux est un pont piéton qui enjambe le port des Quais des Pêcheurs. Long de 164, 9 m et large de 5 m, il atteint 12 m de haut à son sommet et a une forme aérodynamique semblable à une voile. De loin, on dirait que le pont est blanc, mais en réalité c'est un mélange de blanc, rose et violet très clair et doux. Son aspect à la fois élégant et romantique,

et la vue imprenable dont on jouit une fois dessus, en on fait un des monuments emblématiques symboliques de Tamsui. Il y a aussi une jolie légende sur ce pont, on dit ainsi que si un couple amoureux traverse le pont main dans la main en pensant très fort l'un à l'autre, alors leur histoire d'amour finira bien, mais si l'un des deux lâche la main ou se retourne pendant la traversée à pied, alors le futur leur réservera de nombreux défis.

La Tour des Amants

La Tour des Amants a été inaugurée en mai 2011, pouvant accueillir jusqu'à 80 personnes, elle a 100 m de haut, et on peut y jouir d'une vue panoramique à 360 degré. Réalisée par une entreprise suisse, la tour a coûté NTD 300 millions et la construction a durée 4 ans, c'est aussi la première tour panoramique atteignant les 100 m de haut à Taiwan. Autour de la tour, il y a une capsule circulaire transparente en verre renforcé avec des chaises pour permettre aux visiteurs d'admirer le paysage en restant assis et protégés du vent et de la pluie. Une fois les visiteurs installés, la capsule s'élève lentement pour permettre de voir de plus en plus loins les paysages de Tamsui.

Port de Pêche-Plaisance

Même si les Quais des Pêcheurs ont gardé leur fonction initiale, le port est aujourd'hui presque entièrement transformé en port de plaisance. Amarrés aux quais flottants, il y a des yachts de toutes sortes appartenant aux riches de la région de Taipei appréciant les activités maritimes. Le port leur sert de « garage », jusqu'au

moment où ils partent en mer. C'est aussi une sorte de terminus pour l'Autoroute Bleue et beaucoup de bateaux y sont amarrés. Un ciel bleu qui rejoint la mer bleu aussi, des bateaux de pêche ou de plaisance, plus le soleil enflammé, voilà un magnifique paysage portuaire bien rare dans le nord de Taiwan.

Le Pont de Tamkang

Le pont de Tamkang en projet sera un pont à double étages construit à l'embouchure de la rivière Tamsui, ce sera le premier à Taiwan avec un étage pour les voitures et l'autre pour un tramway. Le plan a été terminé pour la première fois à la fin des années 80, il prévoit un pont de 900 m de long, 44 m de large, 20 m de haut, et aussi 12 km de routes pour la connection avec le réseau routier des alentours. À l'étage inférieur les voitures pourront rouler jusqu'à une vitesse de 100 km/h, à l'étage supérieur il y aura des rails sur 8 m de largeur pour un tramway dans les deux sens. L'ensemble du projet coûtera NTD 15, 3 milliards, et débutera en 2016 pour se terminer en 2020. Une fois terminé, le pont devrait soulager le trafic du Pont de Guandu et faciliter le déloppement de la nouvelle ville de Tamhai.

Dialogue

Q **La vue de Tamsui depuis les hauteurs environnantes dévoile son charme : toute la ville semble calme et sereine.**

A Récemment, le film « Beyond Beauty », un documentaire réalisé en filmant en vue d'oiseau, montre Taiwan sous un angle inédit et émouvant. Taiwan mérite vraiment le commentaire des marins portugais d'il y a 400 ans qui s'écriaient en l'apercevant : « Ilha Formosa ! » (Belle île)

Q **Oui… mais ce documentaire a aussi alarmé beaucoup de taiwanais sur les risques liés au sur-développement.**

A En effet, un développement contrôlé est nécessaire. Par exemple, il a fallut plus de 20 ans de discussions pour décider de la construction du futur « Pont de Tamsui ».

Q **Le pont devrait être une priorité, car Tamsui deviendrait encore plus prospère !**

A Nous espérons que Tamsui se développera sous contrôle, sinon, la surpopulation deviendrait une menace.

Q Tamsui est très populaire en été, mais en hiver, il y a du monde ?

A Oui, en été, il y a beaucoup de monde comme dans les lieux touristiques à l'étranger, il y a aussi des concerts, des marchés et surtout on peut admirer le couché du soleil. Cependant, en hiver et au printemps, il fait froid et il pleut beaucoup, il y a donc moins de touristes, mais les commerçants locaux ont imaginé d'autres moyens pour attirer les visiteurs.

Q Tamsui est aussi connue pour ses fruits de mer, non ?

A Malgré son développement Tamsui a gardé ses racines de port de pêche, il y a donc beaucoup de fruits de mer très frais. Tu veux y goûter ?

175

Mots-clés

01. correspondre: v.   相當

02. plage: n.f.   海灘

03. développer: v.   開發，發展

04. fruits de mer: n.m   海鮮

05. plateforme: n.f.   平台

06. environnant(e): adj.   周圍的，附近的

07. Récemment: adv.   近來，最近

08. documentaire: n.m.   紀錄片

09. émouvant: adj.   感人的

10. concert: n.m.   音樂會

11. fonction: n.f.   用途，職位

12. magnifique: adj.   美侖美奐的

13. étage: n.m.   樓層

14. coûter: v.   價值，花費

15. piéton(ne): adj.   人行的

Tamsui
11

紅樹林

HONGSHULIN OU LA MANGROVE

En arrivant à la station de métro « Hongshulin », le regard du visiteur est immédiatement captivé par la verdure de la mangrove. D'une superficie de 76 hectares, celle-ci a été formé par l'accumulation de sable formant un écosystème de marais maritime. En 1986, la mangrove à cet endroit, étant la plus grande mangrove à Taiwan et surtout la mangrove naturelle située le plus au nord dans le monde entier, a été désignée « Réserve écologique de Hongshulin Tamsui ». Le nom « Hongshulin », littéralement « bois rouge », vient de ce que cette vigoureuse plante aquatique a des branches rouges. La mangrove procure de nombreux avantages pour la protection et la fixation des côtes fluviales ou maritimes, ou pour la faune et flore qui y habitent et s'y reproduisent. C'est également un paysage original qui a pour surnom « forêt aquatique » ou « paradis des oiseaux migrateurs ».

Les Aigrettes

Les aigrettes sont des oiseaux très répandus à Taiwan, elles vivent souvent près des milieux humides ou des lacs, là où se trouvent leurs proies : poissons, grenouilles et insectes. Préférant vivre en groupe, la mangrove de Tamsui est leur principal milieu de vie à Taiwan, endroit où on en trouve plusieurs centaines. Tous les soirs, on peut les voir rentrer par petit groupe, leurs cris résonant ici ou là. La blancheur de leur plumage fait qu'on les associe souvent à la pureté. Leur démarche est sûre, élégante et agile, et leur envol gracieux. Il est dit que les aigrettes vivent uniquement dans les endroits bénis par le ciel. Les agriculteurs accueillent volontiers les aigrettes dans leurs rizières pour qu'elles protègent la récolte en mangeant les insectes.

La Kandelia Obovata ou Graine-crayon

Le bois situé entre Zhuwei et Tamsui est composé de Kandelia Obovota ou arbres « graine-crayon », qui sont ainsi nommés à cause de la forme de leurs graines longues de 10 à 15cm qui ressemblent à des crayons suspendus à leurs branches. Ces graines germent alors qu'ils sont encore accrochées à l'arbre parent et peuvent ainsi obtenir la nutrition nécessaire à leur développement. Quand la graine germée est mûre, elle chute dans l'eau ; alors, soit elle se plante dans la vase et des racines se développent pour devenir un nouvel arbre, ou bien la graine peut flotter jusqu'à un environnement propice avant de se

fixer. Ce système de reproduction est le plus adapté à un environnement à salinité élevée, à la vase faiblement oxygénée, et au contraire contenant beaucoup de chlore.

La Promenade Écologique

L'entrée de la « Promenade écologique de Hongshulin Tamsui » est située juste à côté de la station de métro de Hongshulin, c'est un sentier de planches de bois, surélevé par rapport à la surface de l'eau et qui serpente au milieu de la mangrove. Sa longueur atteint à peine un kilomètre, mais en plus de la faune et de la flore originales, on peut y contempler le Mont Guan Yin, ainsi que le paysage riverain de Tamsui. Sur le chemin, on peut regarder et même toucher les Kandelia Obovata. Plus bas dans la vase, des crabes violonistes marchent sur le sable, enfin, plus loin, une aigrette scrute la surface de l'eau à la recherche de proie. En plus des paysages, des crabes, mollusques et poissons, beaucoup d'amateurs d'oiseaux viennent ici observer les oiseaux sauvages, ainsi que des groupes d'écoliers plus ou moins grands qui viennent étudier l'écosystème. La saison entre septembre et mai est quant à elle la plus propice à l'observation des oiseaux migrateurs.

Dialogue

Q **Les taïwanais semblent beaucoup aimer les aigrettes, c'est vrai ? Il y a des décorations représentant des aigrettes le long de la route menant à Tamsui !**

A Oui, c'est vrai, il y a même une berceuse très connue qui a pour parole : « Une aigrette voulait se poser mais tomba par terre. Se relevant, elle trouva une pièce ! », comparant les petits enfants démunis, à l'aigrette qui trouve une pièce en tombant.

Q **Y a-t-il des oiseaux migrateurs dans la mangrove de Hongshulin ?**

A Une étude de l'Association pour les Oiseaux Sauvages montre qu'il y a 10 espèces présentes là-bas. Mais, il ne doit pas y en avoir beaucoup, étant donné la proximité de la ville, des hommes et la difficulté pour trouver de la nourriture. Les espèces de tailles réduites sont plus présentes, surtout dans la plaine de Guandu, où il y a plusieurs observatoires construits pour pouvoir observer les oiseaux de près.

Q La plaine de Guandu est un milieu humide, non ? Elle est protégée ?

A Oui, c'est le cas. Le gouvernement l'a désigné comme « Zone à faible densité de développement ». Les taïwanais sont de plus de plus conscients de la nécessité de protéger les milieux humides et de la façon de les utiliser, en les transformant en réserves écologiques, espaces de pédagogie écologique, ou d'aires de jeux familiaux.

Q J'ai entendu dire que la plaine de Guandu était un marécage avant et que Qilian était aussi un port, c'est vrai ?

A En fait, il y avait de nombreux marais dans le bassin de Taipei. Il y a toujours des endroits qui atteignent à peine le niveau de la mer ! C'est pourquoi, il y avait souvent des inondations. Même le métro a été inondé une fois, entrainant un arrêt des services pendant plusieurs semaines.

Q Mais alors, Taipei était complètement inondée, non ?

A Les mesures contre l'inondation ont toujours été importantes à Taiwan, malgré tout, nous aimons beaucoup les activités aquatiques !

Mots-clés

01. immédiatement: adv.   立即地

02. accumulation: n.f.   累積，沈澱

03. superficie: n.f.   佔地，面積

04. aquatique: adj.   和水有關的

05. procurer: v.   提供

06. décoration: n.f.   裝飾

07. pièce: n.f.   銅板

08. association: n.f.   協會，社團

09. nécessité: n.f.   必要性

10. inondation: n.f.   水災

11. proie: n.f.   獵物

12. agriculteur/trice: n.   農民

13. mûr(e): adj.   成熟

14. reproduction: n.f.   繁衍

15. surface de l'eau: n.m.   水平面

16. faune et flore: n.f.   動植物

淡水小吃

Tamsui
12

LES PETITS PLATS DE TAMSUI

Avec son passé d'ancien port de pêche et de port commercial, Tamsui jouit de nombreuses ressources en premier lieu maritimes mais pas seulement. Centre de transport et lieu de rencontre entre cultures locale et étrangère, Tamsui est connue pour sa riche tradition gastronomique tout au long de son histoire. Les vieilles rues de Tamsui regorgent de petits restaurants ayant chacun leur spécialité. Parmi les centaines de petits plats à Tamsui, les plus connus sont les boulettes de poissons, les croquettes de poisson, les « oeufs de fer », et les « a-ge ». Pour la plupart, ces petits plats ont pour ingrédients des produits locaux et sont représentatifs des besoins et des goûts des habitants, même s'il y a eu beaucoup d'intégrations culturelles à Tamsui. Depuis les petits plats ordinaires jusqu'aux banquets de fruits de mer ou encore la cuisine étrangère pleine d'exotisme, vous trouverez de tout à Tamsui. À ne pas manquer : les « oeufs de fer », et les « a-ge ».

Les Boulettes de Poisson

Tamsui était anciennement un port de pêche au rendement supérieur, au point que l'offre dépassait souvent la demande, et qu'on devait imaginer d'autres moyens pour écouler les fruits de mer en plus de ceux vendus aux marchés. Ainsi, de nombreux produits dérivés du poisson ont vu le jour à Tamsui, comme par exemple le poisson séché, les croquettes de poisson et les boulettes de poisson. Ces derniers sont faits à partir du surimi des poissons gros ou moyens (requin ou dorade tropicale), mélangé avec un peu d'amidon de maïs et d'eau pour la partie externe de la boulette, la farce est faite de ragoût de porc. Le tout est cuit en une soupe parfumée. En fait, il y a toujours eu des boulettes de poisson un peu partout dans le monde, mais chaque région utilise ses propres poissons et préparations pour des résultats très variés.

Les Oeufs de fer

Il était une fois, une « A-po » (vieille femme) tenant un petit restaurant de nouille près des quais de Tamsui. Quand il lui restait des oeufs durs, elle les remettait à mijoter dans la sauce à petit-feu. Résultat : elle obtint des oeufs petits, noirs et durs comme fer. Certains clients lui en achetèrent et trouvèrent ces oeufs non-seulement parfumés mais en plus délicieux à mâcher. Très vite le bruit se répandit rendant célèbre les « Oeufs de fer » ou « Oeufs de fer d'A-po » qui sont devenus une spécialité de Tamsui. La cuisson des oeufs de fer est longue et compliquée, il faut d'abord faire la sauce avec de la poudre aux cinq épices et de la sauce de soja, puis faire mijoter les oeufs à petit feu pendant plusieurs heures, les faire sécher au vent, et répéter le processus plusieurs fois pendant quelques jours.

Les Patisseries Traditionnels

Il y a de nombreuses patisseries traditionnelles bien établies à Tamsui depuis long-
temps. Elles perpétuent la tradition en continuant de fabriquer les diverses patisseries aux saveurs variées selon les recettes
anciennes. Ainsi, chaque bouchée est un délice de nostalgie et de sa-
veur locale, faisant de ces gâteaux traditionnels une partie importante
de la gastronomie traditionnelle de Tamsui. En 1984, une vieille maison, Xin Sheng Fa, a même remporté une médaille d'or lors de l'Exposition Universelle des Patisseries au Japon ! Lors des mariages à
Taiwan, la tradition veut que la famille de la mariée offrent des « Gâteaux de mariage » aux participants. Les pâtissiers de Tamsui étant
reconnus pour leur savoir-faire, leurs gâteaux sont souvent choisis à
cette occasion.

Musée des Boulettes de Poisson

Afin d'exploiter les produits de la pêche à
Tamsui, l'entreprise Dengfeng inventa en
1963 les « croquettes de poisson », qui de-
vaient servir d'accompagnement aux mets des repas.
Petit à petit, les croquettes sont devenus un amuse-gueule à part, souvent offert en cadeau. En 2004, le patron décide d'ouvrir un « Musée
des Boulettes de Poisson » ouvert au grand-public. C'est évidemment
le premier en son genre, des visites pendant lesquels on peut soit
même faire des boulettes étant organisées au sein d'une « usine touristique ». Le musée a une surface de quelques 70 pings et comprend
trois étages : le premier étage est voué à la vente, le deuxième et troisième à l'exposition d'objets et outils de pêche, de photos historiques
et même d'un fusil standard (Fusil Gras M80 1874) laissé par la marine française après la guerre franco-chinoise en 1884.

A-ge

« A-ge » est la traduction phonétique simplifiée de « Tofu à l'huile »
en japonais (あぶらあげ / A-bu-la-ge). Ce met est préparé en vidant un
Tofu carré, puis en le farcissant de vermicelles d'haricots, et enfin en
recouvrant l'ouverture avec du surimi. Le tout est cuit à la vapeur,
puis servi avec une sauce sucrée-piquante, et accompagnée d'une
soupe aux boulettes de poisson ou d'un bouillon. C'est un plat original et unique de Tamsui. Il a été inventé en 1965 par Mme. Yang
Zheng Jin-Wen pour ne pas gaspiller des aliments restants. Le restaurant d'origine est situé sur la rue Zhenli et vend toujours petit-déjeu-
ner et déjeuner aux étudiants du coin.

Dialogue

Q **Beaucoup de touristes viennent à Taiwan pour la bonne cuisine, non ?**

A La cuisine taïwanaise se classe parmi les premières au monde, seules les cuisines méditerranéenne et japonaise peuvent sans doute rivaliser avec elle. Il n'y a qu'à Taiwan qu'on peut déguster de toutes les cuisines de la Chine. Que ce soit à Hong-Kong où en Chine, il n'existe pas une telle diversité concentrée sur un tel espace réduit.

Q **Quelle est la différence entre un petit plat et un repas gastronomique ?**

A Les repas gastronomiques comprennent entre 10 à 12 plats. Ce sont en général des banquets, alors que les petits plats sont souvent des spécialités dispersées une par une entre différents petits restaurants, qu'on trouve généralement près des marchés traditionnels ou des marchés de nuits sous forme de plats à emporter.

Q On m'a dit que certains petits plats étaient même ap parus au cours des banquets d'État, est-ce vrai ?

A Oui, car il font partie intégrante de la cuisine taïwanaise, de plus, on ne les trouve nul part ailleurs !

Q Combien de petits plats y a-t-il en tout à Taiwan ? Où peut-on en manger ?

A Pour le moment, il n'y a pas encore de statistiques fiables. En plus, le même petit plat peut être mis à différentes sauces selon les régions, avec un résultat très différent ! Les marchés de nuits sont parfaits pour découvrir les petits plats. Des restaurants ont aussi commencé à en vendre, mais, tous les petits plats ne sont pas adaptés aux restaurants traditionnels.

Q Donc, les marchés de nuits sont incontournables, n'estce pas ?

A Oui, mais attention, qui dit marché de nuit dit aussi service minimum et hygiène parfois douteuse.

Mots-clés

01. ressource: n.f.   資源
02. gastronomique: adj.   美食的
03. ingrédient: n.m.   材料
04. représentatif: adj.   具代表性的
05. ordinaire: adj.   平凡的
06. cuisine: n.f.   廚藝
07. déguster: v.   品嘗
08. marché: n.m.   市場
09. sauce: n.f.   醬汁
10. incontournable: adj.   不可錯過的
11. rendement: n.m.   產能
12. dépasser: v.   超過，超越
13. nouille: n.f.   湯麵
14. cuisson: n.f.   火侯
15. patisserie: n.f.   糕點

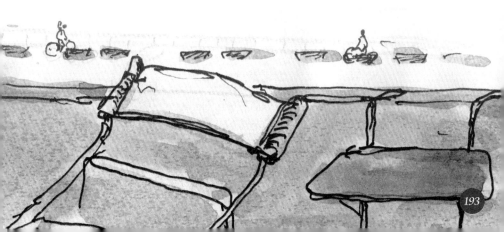

Tamsui
13

淡水藝文

LES ARTS À TAMSUI

De part son importance en tant que port international et stratégique, de plus, successivement occupée par plusieurs puissances coloniales, la ville de Tamsui est riche en culture et en histoire. Son positionnement entre montagne, mer et rivière, en on fait un centre névralgique où les gens se rencontrent et échangent des idées, donnant à la ville une réelle vitalité, ainsi qu'une longue tradition culturelle. Depuis les anciens temps, des activités culturelles populaires s'y tiennent régulièrement telles que festivités religieuses, performances théâtrales ou musicales traditionnelles, etc. De nos jours, s'y ajoutent le Carnaval Artistique de Tamsui, le Village Artistique de l'Asie, ou encore le parc chorégraphique de Yun-Men à Tamsui. Les nombreuses activités artistiques à Tamsui sont avantageusement soutenues par le riche patrimoine culturel de la ville, sa longue histoire, son ouverture d'esprit à l'international, ainsi qu'un ensemble d'autres facteurs positifs naturels et/ou culturels.

Le Mémorial Itteki

Le Mémorial Itteki situé sur la gauche du Fort de Hobe est une ancienne maison japonaise quasi centenaire venant de Fukui au Japon. C'est en fait l'ancienne résidence de l'écrivain Mizukami Tsutomu, construite par le père de celui-ci. Le nom Itteki (littéralement « une goutte d'eau ») vient d'une phrase de l'écrivain qui dit qu' « une seule goutte d'eau recèle une infinité de possibilités ». En 1995, lors du séisme de Hansin, la maison avait été épargnée par miracle, le propriétaire en fit un don à l'ensemble des victimes pour qu'ils aient un lieu de mémoire. Lorsqu'en 1999, le terrible séisme du 21 septembre eut lieu, certaines des anciennes victimes du séisme au Japon étaient déjà devenues des secouristes, et ils aidèrent la reconstruction à Taiwan. Parallèlement, ils décidèrent de donner la maison aux nouvelles victimes taïwanaises. Après plus d'un an d'efforts, et la coopération de 1300 volontaires japonais et taïwanais, le Mémorial Itteki a finalement été reconstitué à l'identique le 16 août 2009, et ouvert au public le 29 mars 2011.

La Parade des Temples de Tamsui

La parade des temples comprend en général un ensemble de rituels destinés à honorer les divinités, puis un grand banquet en plein air. Les jours de parade, orgies et beuveries sont permises entre amis et membres de la famille, cette tradition vient de ce que les immigrants devant faire face aux diverses difficultés d'adaptation, amenaient souvent avec eux leurs divinités protectrices. Aujourd'hui, la parade a dépassé la seule dimension religieuse pour devenir une activité festive et culturelle indispensable pour les taïwanais. « La parade des temples de Tamsui » commence par une cérémonie au Temple de Qing Shui Zu Shi le 6 mai du calendrier lunaire (mi-juin du calendrier solaire), tous les habitants ou presque y participent, rendant le contrôle du trafic nécessaire pendant toute la journée.

Festival Artistique de Tamsui

Le carnaval et la parade artistique de Tamsui est un festival annuel qui se déroule tous les mois d'octobre depuis 2008 dans la ville de Tamsui. En 2013, le thème était « Kaléidoscope mondial » permettant à 50 équipes comprenant plus de 1500 personnes d'interpréter à leur façon la culture locale diversifiée et « exotique » dans les rues de Tamsui. Ce festival a mobilisé de nombreux artistes en coopération avec des habitants de Tamsui, afin d'utiliser l'histoire, les légendes, les coutumes et la vie quotidienne à Tamsui comme autant de sujets de création. Les créations artistiques locales et les performances des troupes d'artistes internationaux se sont combinées pour donner une nouvelle vision plurielle de 400 ans d'histoire.

Dialogue

Q On se rend compte de la relation privilégiée entre Taiwan et le Japon en lisant l'histoire émouvante du Mémorial Itteki.

A Les échanges entre Taiwan et le Japon ont toujours été nombreux, que ce soit pour le tourisme ou les affaires, ils contribuent d'ailleurs à une meilleure connaissance réciproque.

Q La « Troupe de danse Yun-men » est un groupeartistique à la renommée mondiale, son « Parc chorégraphique de Tamsui » devrait encore enrichir les activités culturelles de la ville, tout en accroissant sa visibilité internationale.

A Apparemment, c'est la troupe elle-même qui a choisi Tamsui. Le parc sera bientôt ouvert au public pour les visites et des ateliers de danse.

Q Les occidentaux et d'autres ont plutôt l'habitude de sacrifier des boeufs ou moutons dans les rituels religieux, y a-t-il une raison à ce que les taïwanais aient choisi le porc ?

A Avant, la quasi-totalité des foyers taïwanais élevait des porcs, cela se voit d'ailleurs en décomposant le caractère « maison » (la racine du porc est présente dans le caractère) : sans porc, pas de maison ! Au contraire, peu de gens élevaient des boeufs et des moutons, et ceux qui avaient un boeuf, l'utilisaient dans les champs, d'où le choix du porc.

Q **On dit aussi que l'élevage des gros cochons sacrificiels est un métier et qu'il y a même des compétitions organisées pour voir qui a le plus gros cochon, c'est vrai ?**

A Oui, c'est un honneur à remporter et aussi une preuve de dévotion envers la divinité. Le plus gros cochon de l'histoire a été pesé à 1 683 kilo taïwanais, soit 1 010kg. Pour atteindre un tel poids, il faut plusieurs années d'élevage et de soins. Une fois le cochon sacrifié, on offre un banquet (souvent en plein air) et la viande est distribuée aux amis et à la famille.

Q **Ce serait une bonne idée de fusionner festivités religieuses et carnaval artistique, non ?**

A Tiens ! On dirait que tu feras un bon ministre de la Culture !

Mots-clés

01. colonial(e): adj.   殖民的

02. vitalité: n.f.   生命力

03. artistique: adj.   藝術的

04. patrimoine: n.m.   資產，遺產

05. facteur: n.m.   因素

06. privilégié(e): adj.   獨特的，特別好的

07. réciproque: adj.   互相的

08. renommée: n.f.   名氣

09. élevage: n.m.   養殖畜牧

10. festivité: n.f.   節慶

11. rituel: n.m.   儀式

12. indispensable: adj.   不可或缺的

13. annuel(le): adj.   年度的，每年的

14. diversifié(e): adj.   多樣的

16. séisme: n.m.   地震

淡江大學

Tamsui
14

L'UNIVERSITÉ DE TAMKANG

L'Université de Tamkang est un établissement d'enseignement supérieur non-religieux, et sans sponsor entrepreneurial désigné, connue pour son esprit d'ouverture académique, c'est une « école sans mur ». À l'origine de la création de l'université, il ne faut pas oublier le rôle primordial joué par les donations des habitants de Tamsui même. La gestion commune et le partage des fruits avec la communauté de Tamsui est une de ses caractéristiques fondamentales. En 1950, l'école naquit avec le nom de Lycée professionnel Tamkang d'Anglais sous l'impulsion du duo père-fils Zhang Ming (ou Zhang Jing-Sheng) et Zhang Jian-Bang. En 1958, elle fut réorganisée en Facultés des Arts et Sciences de Tamkang, avant de finalement recevoir son nom actuel en 1980. Aujourd'hui, l'université possède 3 campus respectivement situés à Tamsui, Taipei, Lanyang (Yilan) et un programme en ligne. Avec ses 8 facultés, 27 000 étudiants, 2 100 professeurs ou employés, ainsi que 240 000 alumni, c'est l'un des établissements d'enseignement supérieur les plus grands et complets à Taiwan. Dans l'étude « Guide des meilleures universités en 2015 » réalisée par le magazine « *Cheers* » auprès des 2 000 plus grandes entreprises taïwanaises, l'Université a gagné pour la 18ème année consécutive le titre de l' «Université privée préférée des entreprises ».

Les Salles de Classes de Style Tang

Les paysages et architectures de l'Université de Tamkang sont très réputés. Par le passé, il y avait même des films ou séries télévisées qui les utilisaient comme scène de tournage. Parmi ceux-ci, les plus célèbres sont sans doute les salles de classes de style Tang, construites en 1954. Situées sur une colline, elles forment deux structures parallèles reproduisant le style de la dynastie Tang, avec des tuiles de couleur jade et des murs rouges ; autours, des espaces verdoyants et clairs. Au centre se trouvent 9 colonnes antiques décorées, 18 dragons sculptés avec deux lanternes antiques par colonne. Chaque soir lorsque les lanternes s'allument, une touche de poésie s'installe, et on ne sait plus trop si on est dans le présent ou le passé ! Ces salles de classes ont été terminées en 1955, sous la direction de Ma Ti-Qian, premier directeur du département d'Architecture, il y a près de 60 ans.

Musée Maritime de l' Université de Tamkang

Le Musée Maritime de l'Université de Tamkang est un bâtiment de 2 134 mètres carrés en forme de bateau. Anciennement le « Hall du Commerce Maritime », c'était le lieu de formation à Tamkang pour les étudiants souhaitant devenir navigateur ou mécanicien de bord. Il a été construit grace

à la généreuse donation de Zhang Rong-Fa, président du groupe Evergreen, qui a également donné tous les instruments de navigation et équipements des salles de machines nécessaires à l'enseignement. Quelques années plus tard, suite à un changement décidé par le ministère de l'éducation, l'université a arrêté sa filière de formation maritime, et après le départ des derniers apprentis marins en 1989, le bâtiment a été transformé en musée maritime. Le premier du genre à Taiwan, il expose des maquettes de toutes sortes de bateaux anciens ou modernes. Le président du conseil d'administration d'alors, Lin Tian-Fu, a d'ailleurs fait un don de sa collection d'une cinquantaine de maquettes. Ouvert au public depuis juin 1990, le musée est gratuit.

Square des Livres
(ou Square des Cigarettes Russes)

L'emplacement actuel du square au centre de l'université était à l'origine un bâtiment avec des salles de classes sur deux étages. En 1986, le bâtiment vétuste est détruit pour en faire un square de verdure, avec au milieu un monument dessiné par Lin Gui-Rong, (ancien de l'école devenu architecte), représentant quatre pages de livre an-
cien (gravure sur bamboo), l'ensemble reçoit le nom de « Square des Livres ». Cependant, quelques étudiants farceurs trouvant une similitude de forme avec les cigarettes russes, l'ont rebaptisé « Square des Cigarettes Russes ». Une vue d'oiseau du monument ressemble à une turbine de moteur symbolisant le cycle éternel de la vie. Les courbes élégantes et sa blancheur éclatante, donne au monument un charme à toutes heures de la journée. Il est ainsi devenu un point de rassemblement et d'activités pour les nombreuses associations étudiantes, c'est aussi un lieu idéal pour prendre une photo inoubliable du passage de chacun à Tamkang.

L'Hymne de l'Université de Tamkang

Paroles / Zhou Lou   Compositeur / Lu Quan Sheng

Large et vaste rivière de Tamsui, reliant les lignes de navigation à des milliers de kilomètres.

Ancien et nouveau courant de pensée, formant les élites du futur.

Érudit et curieux dans l'étude, clair et tranchant dans l'action, original et indépendant dans la pensée, pour dessiner le contour du lendemain.

Évitez l'obstination et le manque d'humilité, soyez professionnel dans vos métiers, simple, solide, résiliant et persévérant, voilà comment vous vous épanouirez.

Car vous êtes les élites de votre époque, et les cadres de la nation.

Gardez ceci en tête, ne dilapidez pas votre temps.

Dialogue

Q **Depuis 17 ans l'Université de Tamkang détient le titre de meilleure université privée et est 8ème dans le classement général ! Quelle performance !**

A L'un des facteurs déterminant est sans doute l'ancienneté et la réputation de l'école qui est une des premières universités généralistes à Taiwan. De plus, l'esprit d'ouverture académique ainsi qu'une gestion visionnaire et habile, font que l'université a très tôt lancé ces trois réformes : internationalisation, numérisation et futurisme.

Q **Avoir 240 000 alumni est un avantage formidable pour une école.**

A Si on fait un petit calcul, on se rend compte qu'un taïwanais sur 100 est diplômé de Tamkang, sans compter leurs familles qui sont aussi les témoins de la qualité de l'université. D'ores et déjà, il y a certaines familles où trois générations successives ont été des diplômés de Tamkang !

Q **L'Université de Tamkang a été fondée il y a plus de 60 ans, est-il vrai qu'elle est devenue un des symboles de Tamsui ?**

A Oui, bien sûr ! L'université appartient à la ville. De plus, Tamsui est fondamentalement une ville étudiante, car en plus de l'Université de Tamkang, s'y trouvent aussi l'Université Aletheia, l'Université Saint-Jean, l'Université des technologies maritimes de Taipei et l'Université du Christ à Guandu.

Q À propos de l'école, qu'est-ce qui manque le plus aux anciens de Tamkang ?

A Ça doit-être de voir le campus changer au gré des saisons ! Il y a aussi les salles de classes « Gongdeng » (lanterne antique) imitant l'architecture des anciens palais chinois, qui sont un lieu de prédilection pour les anciens qui retournent à l'université lors des réunion des anciens en mars chaque année.

Q L'Université de Tamkang est à l'origine du mouvement de musique folklorique, y a-t-il une tradition musicale forte ici ?

A S'il n' y a pas de département de musique à Tamkang, en revanche, il y a un très beau auditorium. La musique est toujours présente sur le campus et l'université compte effectivement de nombreux chanteurs, artistes ou acteurs connus parmi ses anciens. La beauté de l'environnement doit déteindre sur les étudiants, n'est-ce pas ?

Mots-clés

01. donation: n.f.   捐贈
02. fondamental(e): adj.   根本的，重要的
03. en ligne: 線上的
04. alumni: n.   校友
05. consécutif/ve: adj.   連續的
06. classement: n.m.   排名
07. numérisation: n.f.   數位化
08. symbole: n.m.   象徵
09. à propos de: a.   關於
10. en revanche: a.   相反地
11. farceur: adj.   搞怪的，搞笑的
12. courbe: n.f.   曲線
13. indépendant: adj.   獨立的
14. série télévisée: n.f.   電視影集
15. gratuit: adj.   免費的

河岸自行車道

Tamsui
15

LES VOIES CYCLABLES SUR LES RIVES

La voie cyclable sur les rives allant de Tamsui à Hongshulin est longue de 2, 5 km. On peut également prolonger la ballade vers les Quais des Pêcheurs, ou traverser le Grand Pont de Guandu pour aller sur l'autre rive, rejoindre la voie réservée aux deux roues de Pali qui va jusqu'au Musée Archéologique de Shisanhang. Seuls les piétons et bicyclettes sont admis sur les voies cyclables, la ballade est donc plaisante et sans danger. Sur les côtés de la voie, on voit d'une part le paysage fluvial et la mangrove dense, d'autre part, le métro qui passe à toute vitesse. Des panoramas sont installés à distance régulière, et on peut y observer les aigrettes voler, les crabes marcher et aussi des poissons grenouilles. Au cours de la ballade, n'oubliez pas de contempler le profil de Guan Yin sur le Mont, les oiseaux sauvages et le couché du soleil !

Le Cyclisme pendant les Weekends

La mairie de Taipei a commencé le projet de rendre les rives de la ville cyclables en 2002. Aujourd'hui, les rives des 4 systèmes fluviaux incluant les rivières de Tamsui, Keelung, Jingmei et Xindian sont cyclables. En tout le réseau cyclable compte 111km de voies depuis Xindian au sud, jusqu'à Neihu à l'est, puis en allant vers l'embouchure jusqu'au milieu humide de Guandu. Certaines parties du réseau sont nommées d'après leurs spécificités ou paysages, comme par exemple la voie de Guandu, la Rive Dorée de Tamsui, ou encore Pali Rive Gauche, pour faciliter le choix des cyclistes organisant leur weekend. Les paysages naturels et les monuments historiques ou musées sur la route font de ces voies cyclables un bon choix pour les loisirs de fin de semaine. Depuis la fin des travaux du projet, le cyclisme pendant les weekends est devenu un loisir national.

Cyclisme Riverain

Taiwan avec ses marques classées dans le top 10 mondial comme Giant ou Merida, est connu pour être le « Royaume du Vélo ». Chaque année, 4, 4 millions de bicyclettes sont fabriquées à Taiwan et beaucoup de marques étrangères font fabriquer leurs produits dans l'île. Parallèlement, parmi les taïwanais , il y a 2, 7 millions de cyclistes, et 700 000 personnes utilisent le vélo comme moyen de transport. Surtout, il est à la mode de faire le tour de Taiwan en deux roues. Actuellement, il y a à Taiwan 40 voies cyclables d'une longueur totale de 1180 km, avec une majorité d'entre-elles située sur les rives des

rivières. Rien qu'entre Xindian et Tamsui, il y a ainsi 60 km de voie cyclable très fréquentée pendant les weekends. Le cyclisme est la combinaison idéale entre loisir sportif et loisir touristique, d'où son succès.

YouBike

Installé et géré par Giant, commissionné par la mairie de Taipei, YouBike est le dernier système de transport en commun mis en place à Taipei. Il a pour slogan « YouBike, le vélo Smiley », et comme logo « U-bike ». C'est un système de gestion automatisée, dont les tests ont commencé en mars 2009, avant d'être officiellement inauguré en novembre 2012. Le système YouBike compte déjà 130 000 membres, avec un nombre cumulé de plus d'un million d'utilisateurs. En février 2014, il y avait en tout 158 bornes de service YouBike. Au départ, le service cumulait les pertes, jusqu'au moment où les gérants ont décidé de rendre gratuite la première demi-heure et de multiplier les bornes de service, c'est ainsi que le service a décollé et est devenu une mode à Taipei. Les YouBike sont aussi visibles sur les voies bicycles de Tamsui.

Dialogue

Q Il parait que tu as fais le tour de Taiwan en vélo, combien de jours cela a pris ?

A J'ai fait le tour de 900 km en 9 jours, mais cela dépend beaucoup de la condition physique des cyclistes, les pros peuvent le faire en 5 à 7 jours. J'ai même entendu des fous de vélo qui le faisaient en 3 jours !

Q Pourquoi les jeunes de Taiwan aiment-ils faire le tour de l'île en vélo ?

A D'abord, c'est une façon plutôt pratique de connaître son pays. Et puis, c'est une des trois activités promues sur le net pour ceux qui aiment Taiwan : le tour en vélo, l'ascension du Mont de Jade et la traversée à la nage du Lac Soleil-Lune.

Q On dit que les entreprises taiwanaises organisent beaucoup d'activités en bicyclette pour rappeler aux employés l'importance du sport, c'est vrai ?

A Oui, c'est vrai. L'exemple le plus célèbre doit-être celui de Liu Jin-Biao, fondateur du groupe Giant qui à plus de 70 ans a fait le tour de Taiwan plusieurs fois en vélo avec ses cadres supérieurs !

Q Les « Youbike » de la ville de Taipei sont très connus maintenant, un reportage a même été fait par le magasine « Global Traveler » sur le système.

A C'est la ville de Paris qui a lancé la mode en proposant le système des « Vélib' », les autres grandes villes dans le monde entier ont suivi. Les « Youbike » à Taipei en sont un exemple, avec en plus l'intégration des Easycard (carte de paiement des transports en commun).

Q Est-ce que les étrangers peuvent aussi se servir des YouBike ?

A Bien sûr, il suffit d'acheter une Easycard et de suivre les instructions sur les bornes de service pour l'enregistrement.

Mots-clés

01. voie: n.f.　　　　　　　　道路
02. rejoindre: v.　　　　　　　會合
03. réservé(e): adj.　　　　　　保留的
04. bicyclette: n.f.　　　　　　自行車
05. contempler: v.　　　　　　欣賞
06. condition: n.f.　　　　　　條件
07. pro: n.　　　　　　　　　　專業人士
08. le net: n.m.　　　　　　　網際網路
09. cadre: n.　　　　　　　　　主管，白領
10. instruction: n.f.　　　　　指示
11. transport en commun: n.　公共交通工具
12. automatisé(e): adj.　　　　自動化的
13. mairie: n.f.　　　　　　　市政府
14. marque: n.f.　　　　　　　品牌
15. à la mode:　　　　　　　　流行的

Références〔參考資料〕

淡江大學文學院，《金色記憶：淡水學用與辭典》，淡大，2002。

莊展鵬主編，《台灣深度旅遊手冊 2: 淡水》，遠流，1990。

廖文卿主編，《淡水不思議》，新北市立淡水古蹟博物館，2013。

趙莒玲，《淡水心靈地圖》，黎明，2005

新北市政府官網：www.ntpc.gov.tw

淡水區公所官網：http://www.tamsui.ntpc.gov.tw

話說淡水

話說淡水

話說淡水

話說淡水

國家圖書館出版品預行編目資料

話說淡水 / 吳錫德編著；詹文碩翻譯. -- 初版. -- 新北市：淡大
出版中心, 2015.04
　　面；　公分. -- (淡江書系；TB007)
中法對照
ISBN 978-986-5982-77-5(平裝)
1.人文地理 2.新北市淡水區
733.9/103.9/141.4　　　　　　　　　　　　103027051

淡江書系 TB007

話說淡水
Parlons de Tamsui　　【中文法文對照】

作　　　者	吳錫德
譯　　　者	詹文碩
插　　　圖	陳吉斯
攝　　　影	吳秋霞、林盈均、邱逸清、周伯謙、陳美聖、馮文星
封面設計	斐類設計工作室
美術編輯	葉武宗
中文錄音	張書瑜、張柏緯
法文錄音	詹文碩、吳彥林
影音剪輯	方舟軟體有限公司 - 陳雅文
印刷廠	中茂分色製版有限公司

發行人	張家宜
社　　　長	林信成
總編輯	吳秋霞
執行編輯	張瑜倫

出版者	淡江大學出版中心
出版日期	2015年4月
版　　　次	初版
定　　　價	360元

總經銷	紅螞蟻圖書有限公司
展售處	**淡江大學出版中心**

地址：新北市25137 淡水區英專路151號海博館1樓
電話：02-86318661　　傳真：02-86318660

淡江大學—驚聲書城
新北市淡水區英專路151號商管大樓3樓
電話：02-26217840

ISBN　978-986-5982-77-5　　　　　　著作權所有・翻印必究